郭航远
郭于茜

读一本好书·
读好一本书

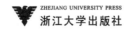
ZHEJIANG UNIVERSITY PRESS
浙江大学出版社

读一本好书，就是与一颗伟大的心灵对话。

心还在，希望便不会消失。

　　我相信，书中有爱，书中有美，书中更有可以寄托身心和灵魂的东西。

　　我也坚信，人类最优美的姿态就是读书。

　　我是医生，所开的处方除了药物，还有书。因为，我认为，书和药物的作用一样强大。

　　我已为人父，虽然很希望自己能成为一位称职的父亲，但一直未能如愿。我希望我的子女能热爱阅读，有效阅读。让阅读成为他们的一种信仰、一种习惯、一种生活方式。

　　所以，我一直鼓励他们去享受阅读的乐趣，并试着写作。

希望散居在全球各地的人们，
无论你是年老还是年轻，
无论你是贫穷还是富有，
无论你是患病还是健康，
都能享受阅读带来的乐趣。

——世界读书日主旨宣言

鼓励女儿一起写这本小册子的缘由

去年女儿小升初,杭州市采荷实验学校的班主任茅雪峰老师布置了暑假读书任务,并列出了一个书目。因小女将远赴新疆,代我去看望结对的阿瓦提县鲁迅小学的布威麦尔耶姆·阿不力米提(现改名为买迪努尔)。所以,网上按清单购书、收快递的任务就交给了我。

拿到书后,我粗粗看了一下这些书的目录和序言。其中有一本教人阅读的书引起了我的注意,它就是莫提默·J.艾德勒和查尔斯·范多伦合著的《如何阅读一本书》。我略读了这本书,感觉确是一本经典,值得那些想去阅读或正在阅读的人好好看看。但是,我总觉得翻译后的二次阅读,以及东西方文化的差异和语言表达的不同,还是不能使我真正领会作者的思想精髓。

后来,我也列了一个书目,主要是近现代以来关于如何读书、如何阅读的指导性书籍,既有名人大家的阅读心得,也有当下文人书生的读书分享。另外,将中国古人的读书论述也一并收集整理了一番。

我是一个想做一件事就立刻行动的人，也是把著书作为读书终极目的的人。完成资料收集和书目整理，花了我两周的时间，刚好女儿从新疆回杭。虽不常陪伴小女，但据我观察，小学六年级的她阅读和写作水平有了长足的进步，应该可以胜任一些基础性的写作了。

　　于是，我花了一点时间与女儿沟通，希望能一起写一本名为《读一本好书·读好一本书》的小册子。虽然此前她在新疆的时候，我们在电话里有一个初步的交流沟通，但当我正式提出这个建议时，她还是大吃一惊，感到"压力山大"。经过一番劝说，最后，女儿答应试一试，这是我希冀看到的良好开端。

　　我是父亲，但我不是一位好父亲。我也知道，我们应该让生命多一份陪伴，让陪伴多一分温暖、多一分快乐、多一分色彩。但是，我的自私选择，使得陪伴成为一种最难得的奢侈。

　　为了陪孩子一起成长，我一直在努力，也一直想给自己机会，但还是一直奔波在路上，这种无奈和无助一直让我很纠结、很矛盾。我想，和女儿一起写点东西，也是我慢慢老去、陪伴她慢慢长大的一种方式吧！

　　虽然接下来的写作很是艰辛，但我想，这个过程一定是非常快乐的……

序　言　做一个快乐的读书人

古人说:"一日不读书,尘生其中;两日不读书,言语乏味;三日不读书,面目可憎。"

古人还说,"一日无书,百事荒芜";"一日不读书,胸臆无佳想,一月不读书,耳目失清爽"。

这些话道出了读书的重要性。

另外,古代尚有"问渠那得清如许,为有源头活水来"的诗句,我想,这"源头活水",大部分应该来自读书。

书是我们永远的精神家园。因为,印在纸上的字,就是一个个跳跃的灵魂。

在高尔基眼中,书籍是人类进步的阶梯;在乌申斯基眼中,书籍是人类思想的宝库……书籍好比一架梯子,能引导我们登上知识的殿堂;书籍如同一把钥匙,能帮助我们开启心灵的智慧之门。

我一直认为,只有读书,也只有读书才能使我们拥有人生的美丽和快乐,才能使自己成为一个知性和优雅的人,最终达到人生的最高境界。

由于客观的原因,我们不可能在现实生活中结识世界上所有的伟人、大师,但是通过读书,就有可能穿越时空与大师对话、与伟人交流。所以,德国著名作家歌德说:"读一本好书,就是和许多高尚的人谈话。"

我们也不可能预知将来,更不可能提前过一下未来的生活,但是通过读书,就有可能畅想明天,就有可能遨游地球的每一个角落。所以有人说,不读书的人只生活在当下,而读书的人可以同时生活在三个时代——过去、现在和未来。

"枕上诗书闲处好,门前风景雨来佳。"拥有了书,徜徉于书的海洋,就像拥有了良师益友,它能带给我们无限的乐趣和动力,还会教导我们如何为人处世、待人接物。

读书,一定可以使整个世界一起美丽。中国自古就是一个崇尚学习、热爱读书的国度,而爱读书的人必定都是善良、可爱的。

与书为伴,则可清净恬淡;以书为友,则可忧愁云散;和书相牵,则可高洁雅致。

如果一个人从小爱读书,并养成良好的阅读习惯,那么一生都会受益无穷。

如果一个人从小会读书,并掌握正确的读书方法,就可以利用有限的时间和资源达到最佳的学习效果。

如果一个人能根据自己的兴趣、志向,选择自己喜爱的书籍,并和朋友们一起分享,那这一定是人生的快事之一。

"书山有路勤为径,学海无涯苦作舟。"冰心曾经说过:"读书是我生命中最大的快乐!"我也一直认为,只要好好读书,就一定可以与时代共成长。

　　有一首歌是这样唱的:"不经历风雨,怎能见彩虹?"有一首诗也是这样写的:"宝剑锋从磨砺出,梅花香自苦寒来。"任何事情都有苦与乐,读书也是一样。

　　有人说,现在的中小学生只能见到"三光":在灯光下苦读,在曙光里上学,在月光下回家。而且现在的学生没有假期,连暑假也变成"第三学期"。另外,放学后和周末的各种补习,以及做不完的作业,压得学生喘不过气来。由此看来,读书的确很苦。

　　但是,读书也是一种享受、一种乐趣。

　　著名学者周国平说过这样一句话:"读书唯求愉快,这是一种很高的境界。"

　　我想,有喜也有忧,有笑也有泪,有付出也有收获,这就是读书的乐趣。

　　读书,对于一个爱书恋书的人来说,是一件非常快乐的事情。可是,对于一个不爱读书的人来说,则是一件非常无聊和痛苦的事情。

　　所以,应该这样说,读书是"辛"与"欣"的交响曲,是"苦"与"甜"的圆舞曲。

　　我想,读书要解决两个问题:一是要会读书。有人认为,人只要能识字,都会读书,其实不然,有的人读了一辈子的书,到头来猛然发现自己原来不会读书。二是要乐于读书。不但要读懂、读透、读细,还要快乐地读书。只有这样,我们才能收获更多。

　　当然,读书可以有这样两种理解:一种是读家长或学校要求读的书,读不得不读之书,谓之苦读;另一种是读自己喜欢或感兴趣的书,谓之乐读。前一种是被动读书,给大部分人带来的只有痛苦;后一种是主动读书,能给人以实实在在的快乐。

我们要知道,苦读不易却常常收获颇丰,可有一技傍身,收获生活所必需的物质财富;乐读愉悦也往往有所心得,可以滋润心灵,获取心灵的富足与盈满。苦读与乐读,一对外、一对内,一得物质、一得精神,乃是幸福人生不可或缺的两件事。

我很喜欢英国女作家艾德琳·弗吉尼亚·伍尔芙的这句话:"这个世界有没有天堂我不知道,如果有,我想,天堂就是持续不断的、毫无倦意的阅读。"

苏格兰哲学家托马斯·卡莱尔说过:"书中横卧着整个过去的灵魂。"苏联作家巴甫连科也说过:"书籍使人们成为宇宙的主人。"我想,生命一定会因书而精彩,生活一定会因书而充实,人生也必定会因书而辉煌。

只有喜欢读书、掌握读书的方法、拥有良好的心态,才能成为一个高效的读书人。

只有把读书当作一种享受,仔细品味书中的情感,才能成为一个快乐的读书人。

为善最乐,读书便佳。因为,善和书都是内容,为善和读书都不必讲究形式。只要读着舒服、读着惬意、读着高兴,怎么读都是可以的。

关键是,我们要让读书成为一种习惯,让书香飘满中国大地。

> 因为读书,所以快乐;
> 因为快乐,所以读书。
> 愿我们每一个人——
> 快乐读书、快乐工作,
> 快乐生活、快乐成长。

前　言　让阅读成为一种信仰

我是一个读书人,也是一个写书人。

年过半百,我已不像以前那样激情四射、活力满满了。现在的我,动作慢下来了,心境静下来了,性格也比以前温和了许多。但是,有一点没有改变,那就是我每年都会列出一个阅读书目,完成我的读书任务。粗粗算了一下,我精读过的书估计有上千册了,也出版了五十多本专业和人文著作。

可以这样说,读书和写作成了我的一种生活习惯,也是我的一种生活态度。

读书不是目的,我只是有目的地去读书。

大部分时间,我所读的书都是一个系列,不管是专业还是文学,目的是完成自己特定的写作计划。只有小部分时间,我会看一些杂书和消遣书。此时,我想应该是我相对放松的时间段。

我读书有两个习惯:一是喜欢把做过笔记的页面撕下来保存(当然是自己购置的书籍);二是常常利用零碎时间在手机的备忘录里写一点感想。久而久之,厚积薄发,一两年下来,一本书稿就基本完成了。

我是一个医者，也是一位文人。

医生是一个需要终身学习的职业。虽然很苦很累，但我也乐在其中。我一直坚持在医者与文人之间游走，是因为我坚信医文相通的道理。

我一直认为，医学是以技术去救死扶伤，为"生"为存；而文学则是用纸笔去呕心沥血，写真、写善、写美。

读书可供消遣，可供装饰，也可以增长我们的智慧和才干。有人认为：为消遣而读书，常见于独处退居之时；为装饰而读书，多用于高谈阔论之中；为增长才干而读书，主要在于对事物的判断和处理之上。

现代社会，人与人之间的交流沟通越来越便捷。我们每天可以获得的信息也越来越多，信息量也越来越大。一个人能接收多少信息，第一取决于获得信息的渠道和方式，第二取决于对信息的吸收和理解能力。而要提高对信息的吸收和理解能力，读书是一种非常有效的途径。

但是，数千年来，中国普通大众的阅读力是比较低下的，全民阅读的历史也非常短暂。当下，读书这件理所当然的事情，也逐渐地变成了一种奢侈品。

很多人认为，读书是一件很简单的事，也是一件蛮风雅的事。因为，我们都是从小"读"到大的，"寒夜读书忘却眠，锦衾香烬炉无烟"，"寒窗苦读十二载，金榜题名一朝时"。

其实，读书是一个人的兴趣爱好，这件事情既不简单，也不复杂。说其简单，是因为只要读一读、看一看就行了；而说其复杂，是因为要理解、要吸收，是因为要带着自己的思想，去读懂每一本静默的书。

我认为,阅读是一门很深很大的学问。但是,许多人都未曾意识到这一点。这也是大多数读书人最终只不过是翻翻书、看看书、念念书,未能够从阅读中获取更多滋养的原因。

我认为,看书和读书是两种不同的人生境界,一种是把眼睛给了书,另一种则是把身心给了书。

高尔基曾经说过:"我扑在书籍上,像饥饿的人扑在面包上一样。"我想,只要对读书产生了浓厚的兴趣,就会很热爱,就会很着迷。

但是,我们要思考两个问题。一是为什么同样是读书,有的人可以蟾宫折桂、一举成名,而有的人只能是名落孙山、榜上无名呢? 二是为什么同样是读书,有的人越读越聪明,从书中读出了"黄金屋"和"颜如玉",而有的人却越读越傻,从书中读出的只是一本糊涂账呢?

我想,读书的效果完全取决于每个人的学习方法,而读书的价值则取决于个人的追求。

在这个世界上,凡是成功者,一定都是读书的行家。

世界上许多名人之所以能成功,与他们善于读书有很大关系。读书有成效,不仅取决于读什么,而且决定于怎样读。

读书方法正确,效果就好,收获就大;读书方法错误,效果就差,收获就小。

"读书的眼界,自然还取决于读书的宽度,这既关乎读书兴趣,亦关乎读书效果。"活到老,我们便要学到老。所以,我们要更加热爱生活、热爱读书。

我想,对于个人来说,读什么书,就做什么人,而对于一个民族来说,其精神境界完全取决于国民的"阅读水平"和文化素养。

颜真卿有一首《劝学》,是这样说的:

三更灯火五更鸡,正是男儿读书时。

黑发不知勤学早,白首方悔读书迟。

清代文人张潮在《幽梦影》中说:"春读经,夏读史,秋读诸子,冬读集。"

民国时期,湖北有个儒医熊伯伊,博学多才,酷爱读书。他为自己题了个座右铭,叫《四季读书歌》。

"春读书,兴味长,磨其砚,笔花香。读书求学不宜懒,天地日月比人忙。燕语莺歌希领悟,桃红李白写文章。寸阳分阴须爱惜,休负春色与时光。"不负春光,读书正好。"读书不觉已春深,一寸光阴一寸金。"一年之计在于春,一年之学也在于春。春天有杏花春雨,别具一番风情。此时,大地苏醒,春景醉人,花香书香,正是勤学苦读的好时机。

"夏读书,日正长,打开书,喜洋洋。田野勤耕桑麻秀,灯下苦读声琅琅。荷花池畔风光好,芭蕉树下气候凉。农村四月闲人少,勤学苦攻把名扬。"农忙不忘读书,耕读家风永传。树下池旁皆文章,田间地头飘书香。夏日读书,有接天莲叶相伴,既令人神往,也可以清心静气。

"秋读书,玉露凉,钻科研,学文章。晨钟暮鼓催人急,燕去雁来促我忙。菊灿疏篱情寂寞,枫红曲岸事彷徨。千金一刻莫空度,老大无成空自伤。"秋天读书,有满地黄花相伴,使人顿生无尽遐想。宋代诗人陆游在《读书》一诗中说:"归志宁无五亩园,读书本意在元元。"古人都有伤春悲秋的传统,唐代田园诗人孟浩然就有"木落雁南度,北风江上寒","乡泪客中尽,孤帆天际看"的诗句,使深秋中的人们,没有最想家,只有更想家。

"冬读书,年去忙,翻古典,细思量。挂角负薪称李密,囊萤映雪有孙康。围炉向火好勤读,踏雪寻梅莫乱逛。丈夫欲遂平生志,一载寒窗一举扬。"冬日读书,有傲霜腊梅为友,叫人神清气爽。"墙角数枝梅,凌寒独自开。遥知不是雪,为有暗香来。"我仿佛看到,北宋诗人王安石眼中的梅花,在冬日那一隅独自傲然开放。

读书是一种品质、一种情怀,更是一种家风。

所以说,读书是一种受人尊敬的高尚行为,而最好的家风,一定有读书的传统和氛围。

砸锅卖铁也要供孩子读书,再苦再累再难也要送孩子读书,这是中国家庭最崇高的宣言。我想,书架和书房,也应该是一个家庭最好的不动产。

钱镠是五代十国时期吴越国的开国君主,和天堂齐名的"苏杭"的奠基人。但最值得称道的是钱氏的家风,那就是"宣明礼教,读书第一"这八个字。

钱镠出身贫寒,自小读书不多。建立王业后,他深感读书的重要,常常手不离卷、勤学不辍。他自觉读书让自己获益良多,便要求子孙们也多读书、勤读书。"子孙虽愚,诗书须读。"读书第一,就是再苦再难、再幸福再富足,都要坚持读书。

"勤读书,要孝悌;学谦恭,循礼仪。"读书决定一个人的修养和境界,关系一个民族的素质和力量,影响一个国家的前途和未来。

我想,生命是一条长河,书本是一艘小船,而我们每个人都是自己灵魂的摆渡人。

苏联作家布罗茨基曾经说过："一个不读书的民族是没有希望的民族。"我们要牢记这句名言，让阅读成为一种生活方式、生活习惯和生活态度，让读书点燃生命，让书香浸润人生。

读万卷书，行万里路，要让身体与灵魂总有一个在路上。

阅读就是一种信仰，我坚信这一点。

我愿意双手捧一本爱书，优雅地老去。

目　　录

第一章　书的前世今生

前世，你许我一生；今生，我护你一世。

在《赫尔岑论文学》一书中有这样一段话："书，这是这一代对另一代人精神上的遗言，这是将死的老人对刚刚开始生活的青年人的忠告，这是准备去休息的哨兵向前来代替其岗位的哨兵的命令。"可见，书作为历史的一种载体，记录过去的一切，无论是"前车之鉴"，还是"丰功伟绩"，都在书中被后人流传。

"古老的东方有一条龙，

它的名字就叫中国；

古老的东方有一群人，

他们全都是龙的传人。

巨龙脚底下我成长，

长成以后是龙的传人。

黑眼睛，黑头发，黄皮肤，

永永远远是龙的传人……"

每当这首歌响起的时候，我们的心中都会涌起一股自豪和自信的热流。

我想，在背后支撑这份情感的，一定是那悠悠五千年的历史、泱泱大中华的璀璨。因为，在中华民族的文明史上，不仅产生过许多伟大的思想家、政治家、科学家、军事家、文学家和艺术家，还留下了丰富多彩的文化典籍。

百家争鸣、魏晋风度、汉唐气象、宋明风韵……中华文化博大精深、源远流长。如果从最古的甲骨刻辞、青铜器铭文、石刻文字算起，到竹简、帛书和写、印、画在纸上的书籍，其历史之悠久、数量之繁多、内容之丰富，为全世界所罕见。

更值得我们中华儿女自豪的是，世界上所有的国家里，只有我们中国的文化始终没有中断过，也只有我们的"汉字"，是从古代一直演变过来而没有中断过的文字形式。

梁启超说过很有意思的一段话，他认为，"中国书没有整理过，十分难读，这是人人公认的。但会做学问的人，觉得趣味就在这一点，吃现成饭，是最没有意思的事，是最没有出息的人才喜欢的。……读中国书，自然像披沙拣金，沙多金少。但我们若把它作为原料看待，有时寻常人认为极无用的书籍和语句，也许有大功用"。

一、书籍的演变

书籍是人类进步和文明的重要标志之一。

书籍与文字一样，是一种文明和文化的传承，技艺知识和生活经验的传承。

最原始的时候，人类还没有发明文字，只能以最古老的口口相传来传承。这种一次性的、现场性的口头交流，导致人类的文化进展非常缓慢。时间一久，事情总是会忘记。后来，古人就拿绳子打个结，大结代表大事，小结代表小事，这就是现今我们所说的"结绳记事"。那时还有一种类似的方法，就是在木条上用刀刻出一条刻痕，越深越大的刻痕代表越重要的事情。

在那个文字系统不成熟的年代，古人只能采用结绳、刻木，以及简单的图形符号等方法来帮助记忆。

后来，为了让更多的人知道，就开始采用壁画传承。再后来，就有了给壁画配文字说明的习惯和风俗。

仓颉造字只是一个传说。但有一点可以肯定，远古的象形文字是从图形发展而来的，之后慢慢地出现了指事字、会意字，以及现在沿用最多的形声字。

文字出现之后，就有了书籍。这个时候，我们的先人将天气的变化、果子的位置、斗转和星移等自己感兴趣的事情，镌刻、书写在龟甲或兽骨上，这就是**殷商时期的甲骨文**。

从商代后期开始，出现了青铜器铭文，统治者将重要的文书铸于青铜器之上。这就是古代"原始书籍"的形式之一。所以，多数书史家认为，它也是古代书籍装帧的一种形制。

从甲骨文到我们现在使用的文字，还经过了西周时期的金文、春秋战国时期的大篆、秦朝的小篆、汉代的隶书，再到汉魏时期的楷书等漫长的发展演变过程。

在形制上，人们逐渐有了更多更好的记录和传承方法，例如钟鼎文、石刻等。再后来，就是我们所熟知的竹简和木牍。书籍形制的进化，为思想和文化的大发展奠定了物质基础，导致了春秋战国时期的百家争鸣。

中国最早的正式书籍，是在公元前 8 世纪前后出现的简策。

西晋杜预在《春秋经传集解序》中说："大事书之于策，小事简牍而已。"这种用竹木做书写材料的"简策"或"简牍"，在纸发明以前，是中国书籍的主要形式。

中国古代典籍，例如《尚书》《诗经》《春秋左氏传》《国语》《史记》，以及在山东临沂出土的《孙子兵法》等书籍，都是用竹木书写而成的。

春秋时期的读书人在竹简上写字，多则几十个，少则八九个。一部书要用许多竹简，通过牢固的麻绳、丝绳或皮条，按次序编连起来（称"韦编"）才最后成书。这就是最早的书，称为简册。

据史料记载，秦始皇每天要批阅120斤重的公文竹简。当年，西汉时期著名文学家东方朔写了一篇奏章，用了三千片竹简，派两个人抬进宫中。汉武帝读它时，用笔在上面做记号，用了两个月才读完。

古书中提到的"韦编三绝"，说的就是著名思想家孔子，因为他经常阅读《易经》，把编简的皮条都磨断了三次。

简册的制作工艺里，有一道工序叫作"杀青"。而烘烤竹子时渗出水珠，也为我们贡献了"汗青"一词，最著名的诗句就是"人生自古谁无死，留取丹心照汗青"。我们现在常用的名留青史的"青史"两个字，也是源于最早的史书是写在竹简上这一历史的。

那个时期的文化发展，无疑是中国文化史上的一大巅峰。

尽管后来出现了秦朝的焚书坑儒和汉朝的罢黜百家,可是因为书籍的存在,这些思想学说或多或少还是保留了下来。

造纸术和印刷术的出现,使得人们的思想交流越来越方便了。后来,东汉时期的蔡伦改进了造纸术,无意间打开了中华文明走向世界的一个新渠道。

当文字、造纸术和印刷术三大文明成果在同一时空不期而遇时,现代意义上的图书也就横空出世了。

东汉时期出现的纸书,轻便而易于书写,价格又比较便宜,深受人们的欢迎。此后,纸书便逐渐流传开来。到了晋朝,纸书完全取代了竹木简书和帛书。

西汉时期还出现过絮纸。后来,五代十国时李煜发明了澄心堂纸,唐朝有了薛涛笺,欧洲有了羊皮纸,安徽宣城出产了中国著名的宣纸。

唐代的书是卷轴式的,即把纸粘连成长幅,用木棒、象牙、玉石等做轴,从左向右卷成一束。在印刷术发明以前,中国书籍的形式主要是卷轴。而到了明清时代,已经出现了线装本的册页书。

从一开始的版画版书、手抄手书,到后来的雕版印刷、活字印刷,人类思想的碰撞也到了近乎最鼎盛的时期。

毕昇发明的泥活字,也有一些弊端。后来人们又尝试使用锡活字、木活字、铜活字以及铅活字。直到 20 世纪 80 年代,书籍、杂志、报纸还都是用铅活字排版印刷的。

后来,快速圆筒平台印刷机的出现,以及其他先进印刷机器的发明,大大提高了印刷能力,适应了政治、经济、社会、文化对书籍需求量不断增长的要求。

电子书的出现,使得书籍更容易保存,而且书籍数量和种类的增速显得非常可怕。我们现在所面临的问题不再是没有书读,而是我们该如何选择去读什么书。

二、书店的变迁

书店的出现则要比书籍晚得多。

如果说书籍是思想的封装包,书店则是思想的中转站。古今中外的各种思想封装在书籍之中,通过书店的中转和流通,最后到达读者的手上。

(1)**书肆**:我国古代民间图书交易场所的称谓。关于书肆,现今能见到的最早记载,来自西汉末年的哲学家、文学家、语言学家扬雄。在他的《法言》一书中,曾提到"**好书,而不要诸仲尼,书肆也**"。

此外,各朝代还有书林、书铺、书棚、书堂、书屋、书籍铺、经籍铺等名称。这些名号,统称为书肆,宋代以后则统称为书坊、书店。

(2)**书坊**:既是书店,又是"出版社",因为它不仅卖书,还刻书。书坊作为图书的制作与发行机构,在宋代得到了充分的发展。因此,"坊刻本"成为宋代图书的代名词。

(3)**书店**:最早见于清朝乾隆年间。在中国近代史上,书店也叫书局。

19 世纪 60 年代,清政府在江苏、江西、浙江等十多个省建立官方书局,印刷了一些校勘精良的古籍,其目的是宣扬儒学思想,维护封建统治。

19 世纪末,康有为等维新派在京师成立强学书局,发行维新变法读物,遭到了慈禧太后等顽固派的镇压。

20 世纪初,以孙中山为首的民主革命派建立了镜今书局、东大陆书局、国学社等,大量发行《革命军》《猛回头》等反清读物,为推翻清朝帝制的辛亥革命进行了思想准备。

五四运动后,毛泽东、恽代英、陈独秀等共产主义知识分子都创办过书店,致力于新思想、新文化的传播。1921 年 1 月,毛泽东把"推广文化书社"作为改造社会的一项"基本事业"。中国共产党成立以后,各地党组织、共产党员或进步人士创办了许多以传播马克思主义为宗旨的书店。

(4)**网上书店**:在互联网飞速发展的今天,网上书店也在逐渐壮大。在人们感叹挤不出时间看书的时候,24 小时不打烊的书店应运而生。

文化是民族的血脉,是人民的精神家园。而作为文化的载体,书肆、书坊、书店伴随着中华民族一路成长。

三、图书馆的变化

中国图书馆的历史十分悠久。从古代的藏书楼到现代的图书馆,风雨兼程地走过了几千年。可以这样说,图书馆是中国文化史上一道亮丽的风景线。

1. 古代图书馆

20 世纪初,公共图书馆产生前的时期都属于古代,主要有皇家藏书、书院藏书、寺庙藏书和私人藏书等四大类型。这个阶段的藏书形式主要是刻本,此外,还有龟甲、兽骨、竹简、木牍,甚至是帛书等形式,藏书所用的是书柜。服务对象很有限,管理非常严格,服务方式属于封闭式。古代图书馆的主要功能是保存文献,仅能满足极少数人的精神文化需要。

早在夏朝时代,就已有记载文字的各种文献,以及收藏图书文献的行为和处所。夏朝负责管理图书的官员,叫**太史令**。

自商朝开始,我国已经有记录史事的典、册,并由专门的史官进行管理。史官有目的地收集、积累、整理和保管这些文献,形成了古代典籍收藏的雏形。

秦王朝时期,设置"柱下史"负责管理图书。汉朝时期,刘向、刘歆父子整理、编写出我国最早的藏书目录《七略》,标志着我国图书馆学术的开始。

唐代末年,眉州的"孙家书楼",藏书量在四川首屈一指。及至宋代,皇室藏书和私人藏书都有较大规模的发展,产生了民间著名的私人藏书机构,即大名鼎鼎的四大书院:**白鹿洞书院、岳麓书院、应天书院和嵩阳书院**。明朝范钦的天一阁,也是享誉古今、天下闻名的"**图书馆**"。

原始的图书馆发端于奴隶社会,成熟于封建社会。此时的图书馆,文献流通量小,重藏轻用,是农业文明的产物。

古代的图书馆名称很多,如府(西周的故府、盟府)、宫(秦朝的阿房宫)、阁(两汉的石渠阁)、观(东汉的东观)、殿(隋朝的观文殿)、院(宋朝的崇文苑)、斋(清朝的知不足斋)、堂(明朝的澹生堂)、楼等。先秦的文献则记载有天府、盟府、策府和室、藏室、周室等称呼。

老子可以说是中国历史上第一位图书馆馆长。《史记》记载,老子"姓李氏,名耳,字聃,周守藏室之史也"。这个"守藏室",就是藏书之所,"史"则是专门管理图书的官职。

2. 近代图书馆

清朝除了文渊阁、文津阁、文澜阁等"图书馆"外,翰林院、国子监、内府等机构也收藏图书。这些机构的长官在做好本职工作的同时,也负责管理图书。

从 20 世纪初到 1949 年是近代图书馆阶段。1902 年,浙江绍兴的徐树兰创立了古越藏书楼,京师大学堂也建立了最早的大学图书馆。古越藏书楼的诞生,是中国图书馆史上一次重大文化创新,不仅对中国近代图书馆事业具有开创意义,而且对中国近代教育,特别是社会教育事业也产生了积极的影响。

1903 年,古越藏书楼开始向公众开放,它应该属于最早的公共图书馆。同年,在武昌也成立了公共图书馆。1904 年,张之洞创办的湖北省图书馆最早采用了"图书馆"这一名称。

近代图书馆是古代与现代图书馆的过渡阶段。一般为政府或社会所办,主要收藏纸质文献和刻本书,为当地的普通知识分子提供开放式服务。近代图书馆是工业文明的产物,倡导藏用并重。图书馆引进了一些西方图书馆的管理手段,采用了西方图书分类的一些方法,设有专门的图书馆管理员。在功能上也逐步开始分化,既有保存文献的职能,也有借阅文献的功能。

3. 现代图书馆

从 1949 年到 20 世纪 90 年代是现代图书馆阶段。新中国成立后,大批省级图书馆、市县级图书馆、社区图书馆、乡村图书室以及大学图书馆相继建成。其中,大型图书馆的藏书品种齐全、内容繁多、分类科学,在文献保存、服务学术研究方面发挥了巨大作用;而中小型图书馆收录的文献专业性较强,专门为专业人员服务。

现代图书馆是信息时代的产物,是全面开放的信息系统。

现代图书馆一般为国有的公益性事业单位。藏书形式多样,有铅印书,有磁带、录像带,还有缩微胶片等形式的各种文献。管理者多为有一定专业基础的专职管理员,服务设备实现了自动化,服务面向广大人民群众,开启了区域的馆际互借功能。

我国现代图书馆早期历史可划分为五个阶段:第一,1949年到1956年,是新中国图书馆事业的建立与发展时期;第二,1957年到1965年,是新中国图书馆事业的曲折发展时期;第三,1966年到1976年,处于"文化大革命"中,是图书馆事业受到严重破坏的非常时期;第四,1978年到1989年,改革开放初期,是我国图书馆事业快速发展的新时期;第五,1990年到1999年,是我国图书馆逐渐向现代化转型的时期。

4. 后现代图书馆

从20世纪90年代末至今是以资源共享为特征的后现代图书馆阶段。我国信息化的全面推进,使得图书馆的建设偏重于自动化、数字化、网络化。共建共享机制的建立,使得图书馆的服务突破了城市的局限,发展成为跨地区的服务网络。未来的图书馆是无纸化社会的产物,是没有围墙的图书馆。

四、读书人的古与今

读书人也叫书生、儒生、秀才。这些读书人常常有一些特征,例如"书生意气""白面书生""穷书生",他们期待"十年寒窗无人问,一举成名天下知"。但由于以书为生,不善与人打交道,所以常常不得志,有些则怨天尤人、自命清高。

读书人常常从书中学做人,从那些古代先贤以及当代才俊的著述中学习他们的人格。读书人从《论语》中学到了智慧的思考,从《史记》中学到了严肃的历史精神,从《正气歌》中学到了人格的刚烈。

一个读书人,一定是有机会拥有超乎个人生命体验的幸运人。正如雨果所说:"各种蠢事,在每天阅读好书的影响下,仿佛烤在火上一样渐渐熔化。"

1. 古代对读书人的谑称

古代对读书人有很多种谑称,典型的有:

(1)书痴:即书呆子,带有贬义。"不是老夫朝不食,半山绝句当早餐",这就是对书痴的写照。但是,古代读书人也有以甘当"书痴"而自豪的,如陆游诗云:"白头尚作书痴在,剩乞朱黄与校雠。"

书痴可分为三大类:一是苦读类。如白居易"把君诗卷灯前读,诗尽灯残天未明"、袁枚"寒夜读书未却眼,锦衾香烬炉无烟",都是苦读的写照。二是忘我类。如郁植"冬日不炉夏不扇,坐穿一榻破万卷"。读书到了忘暑、忘寒、忘苦、忘忧、忘食、忘我的境地。三是癫狂类。陆游说自己是"客来不怕笑书痴,终胜牙签新未触"。当代著名的文学家郁达夫一生爱书,对书籍"忠贞"不二,"来生缘分如能结,烛影刀声又若何"。

汉代人高凤,出身于农耕之家,痴迷读书,一天到晚不会停歇。有一次妻子下地干活,让高凤看护庭院中晾晒着的小麦。天空突降暴雨,高凤却还在书中神游,等到妻子回来,麦子已经被暴雨冲走了。后来,人们就用"流麦"和"中庭麦"来赞美读书之专注,用"流麦士"来称谓"书呆子"了。

"官事归来衣雪埋,儿童灯火小茅斋。人家不必论贫富,唯有读书声最佳。"唐朝诗人翁承赞把那夜读时的点点灯火看成世上最美的风景,把节奏明快的读书声当成人间最美的音乐,爱书爱读之情溢于字里行间。

(2)书簏:用以讽喻读书虽多但不解书义、获益甚少的人。

(3)书库:喻博学饱识之士。《隋书·公孙景茂传》载其"少好学,博涉经史""时人称为书库"。

(4)书淫:"淫"有"过于沉溺""越过常度"之义。"书淫"誉称好学不倦、嗜书入迷的人。刘峻,字孝标,南朝梁文学家,以注释刘义庆等编撰的《世说新语》而闻名于世。他聪慧好学,在"居贫不自立"的情况下,燃麻秆为灯,终夜不寝,读书到天亮;夜读昏困之时,就用麻秆燎发须,"及觉复读"。他还常常出都游学,遍求异书,人称其为"书淫"。

(5)书癫:喻指读书入迷、忘形似癫的人。

(6)书橱:一是比喻学问渊博之人,一是讽喻读书多却不能应用的人,其义与"书簏"相近。

(7)书种:即读书的种子。不让读书种子断绝,这是一种"家无读书子,官从何处来"的"书香门第"思想。

(8)书生:古代多指儒生。当"书生"与"白面"连在一起时,特指少年文士,含有年轻识浅之贬义。

(9)**书迷**:内心迷恋于书的人。元末宋濂,因家贫而无力购书,只好到处借阅,读后还把书全抄下来。即使天寒地冻、砚台结冰、手指僵硬,也抄书不止。"过客不须频问姓,读书声里是吾家","开卷古人都在目,闭门晴雨不关心",这就是对书迷的写照。

我的家乡诸暨也有位古人叫王冕,是元代著名的画家、诗人、篆刻家。他出身贫寒,幼年替人放牛,靠自学成才。七八岁时,父亲叫他到田埂上放牛,他却偷偷地跑进学堂,去听学生上课。听完以后,总是能默默地记住课堂上老师讲过的内容。晚上回到家,才发现把放牧的牛都忘记了。后来,有人牵了牛来家里讨说法,原来是牛踩踏了别人的庄稼。父亲大怒,打了王冕一顿。过后,王冕依然如故。

王冕的母亲就说:"这孩子想读书如此入迷,为何不由着他呢?"于是,王冕离开家,寄住在寺庙里。一到夜里,他就悄悄地坐在佛像的膝盖上,手里拿着书,就着佛像前长明灯的亮光诵读,一直读到天亮。佛像多是泥塑的,一个个面目狰狞,令人害怕。王冕虽是小孩,却神色坦然,好像没有看见似的。

(10)**学究**:古代泛称儒生,后常讽刺腐儒为学究。

(11)**白衣秀士**:指没有功名的读书人。

(12)**掉书袋**:即掉书的口袋,含有贬义,讽喻爱好广征博引炫耀自己学问渊博的读书人。

(13)**蠹书虫**:意为咬书的害虫,转喻读死书的人。

(14)**小儿学士**:据《北史·宗懔传》记载,"宗懔,字元懔,南阳涅阳人也。少聪敏,好读书,昼夜不倦,语则引古事,乡里呼为小儿学士"。

(15)**不栉进士**:栉乃男子束发的梳篦。"不栉进士"喻称有文才的女子。

(16)**斗酒学士**:指酒量大的读书人。

(17)**尺二秀才**:"尺二"两字即为"尽",旧时用以讥讽写俗字的书生。

(18)**著脚书楼**:宋代赵元考的绰号,好像行走的书楼一般,诗书满腹。

(19)**书城**:唐代李泌,不但看书多,而且家中藏书汗牛充栋,被誉为"书城"。

(20)**书仓**:后汉的曹平,积石为仓以藏书,号曰"曹氏书仓"。

(21)**书窟**:五代人孟景翌,一生勤奋读书,出门则藏书跟随,终日手不释卷。读书所坐之处,四面书籍卷轴盈满,时人谓之"书窟"。

(22)**书巢**:南宋著名诗人陆游,在山阴家中居住时,建造了一个书房,自命为"书巢"。

(23)**书柜**:明代文人丘琼勤奋好学,才思敏捷,故有"书柜"的美称。

2. 古代读书人的等级

从低到高排列如下:

(1)生员:即秀才,通过院试(童试)的可称为生员或秀才。

(2)解元:生员(秀才)参加乡试,第一名则称为解元,第二至五名称为经元,其余考中的称为举人。举人可授知县官职。

(3)会元:举人参加会试,第一名则称为会元,其余考中的称为贡士。

（4）**进士**：是科举考试的最高功名。升入京师国子监读书的贡生，参加殿试的前三甲都叫进士。考中进士，一甲即授官职，其余二甲参加翰林院考试，学习三年后再授官职。

（5）**鼎甲**：指殿试一甲前三名——状元、榜眼、探花。如一鼎之三足，故称鼎甲。状元居鼎甲之首，因而别称为"鼎元"。

3. 当今的读书人

当今的读书人可以分成两大类：

（1）**中心人**：是世俗的，属于大多数，他们在这个物质社会里如鱼得水。

（2）**边缘人**：是精神上的先行者，是稀少的。他们在生活里大多是另类的，甚至与世俗社会格格不入。在时光的隧道里，大多数的人和事都将转眼间消失得干干净净，只有那极少数的边缘人，他们的名字和思想都凝聚成一个个闪光的里程碑，成为人类历史长河中的重要节点和支架。边缘人通过自己世俗生活的涅槃，升华了整个的人类文明。

第二章　书的分类

——"没有书，就犹如沙漠中没有绿洲。"

如果您拿起一本书开始阅读，一定要知道这本书属于哪一类，而且越早知道越好。

一本书的分类，可以从书名、副标题、摘要介绍、索引、目录、序言、前言、后记中找到一些线索，也可以根据出版社的宣传文案、上架建议等方面来确定。

其中，书名的重要性不言而喻。书名就是一本书的脸面和门面，关乎读者对这本书的第一印象。作者也希望通过书名来传达自己的心路历程，而读者则可以通过书名知道手上捧着的会是一本什么样的书。

一、基本分类法

根据学科、文种、用途、内容和特征等进行分类。

(1)按学科划分为：社会科学和自然科学图书。

(2)按文种划分为：中文和外文图书。

（3）按用途划分为：普通图书和工具书。

（4）按内容划分为：小说、儿童读物、非小说类、专业书、工具书、手册、书目、剧本、报告、日记、书集、摄影绘画集。

（5）按特征划分为：线装书、精装书、平装书、袋装书、电子书、有声读物、盲文书、民族语言书。

二、中国图书馆图书分类法

按照图书的内容、形式、体裁和读者用途等，我国古代通常将图书分成经、史、子、集 4 类。现今的《中国图书馆图书分类法》将所有图书分成马列主义和毛泽东思想、哲学、社会科学、自然科学、综合性图书 5 大部类、22 个基本大类。

书籍还有以下不同的分类标准：

（1）**按内容分类**，属于专业的分类方法，就是按照学科内容之间的相关性编制分类表，并按照分类表进行分类。

（2）**以形式分类**，包括物理形式，如开本、丛书等。

（3）**以读者对象分类**，包括少儿、教材教辅、普通读者等。

（4）**以出版形式分类**，包括图书、地方志、年鉴、标准规范、政府出版物等。

三、国际图书集成分类法

1. 基本级别律

国际图书集成分类法为 7 级划分，基本划分为 5 级。各中央书院、各综合分馆、专业馆、学科资料室均可运用本分类级别律来划分图书。

第一级,以宇宙属性为标准,分为人文类图书和自然类图书。

第二级,以图书基本学科属性为标准进行划分。

人文类基本学科:A 哲学、B 宗教、C 伦理、D 逻辑、E 美学、F 心理、G 语言、H 文学、I 艺术、J 政治、K 经济、L 军事、M 法律、N 教育、O 体育、P 传媒、Q 资讯、R 管理、S 商贸、T 历史、U 考古、V 民族、W 生活、X 财金、Y 统计、Z 社会。

自然类基本学科:a 天文、b 地理、c 数学、d 物理、e 化学、f 生物、g 机械、h 电信、i 水利、j 电力、k 纺织、l 食品、m 建筑、n 矿山、o 冶金、p 能源、q 交通、r 航天、s 医学、t 工学、u 农学、v 林学、w 养殖、x 电脑、y 环保、z 信息。

第三级,以图书附属学科标准进行划分。

第四级,以图书的功能属性进行划分(著述、学术、教学、辅助类)。

第五级,以图书品种属性,分为著作(作品、理论著作、应用著述),学术(注释、评析、争鸣、研讨、研究、考证、翻译),教学(学校教材、社会培训教材、自修教材、参考资料、讲义、学习资料、普及读物、实验实习、试题习题、教学大纲),辅助(词典、百科、类书、政书、年鉴、手册、书目、索引、文摘、表谱、图录、标准)。

第六级,以图书国际空间位置,分为本国和外国原版图书(非学科定义空间)。

第七级,以图书时序进行划分(非学科时序)。

2. 其他律

(1)交叉学科定位律:遵循学以致用的原则,就综合馆而言,从应用不从理论,从行业不从基础,从文不从理,从前不从后。专业馆可按需自行定义。

(2)**文献传承律**:以学科为母项,图书类型和品种为子项,用二分法(原著、派生)提纲挈领,四分法(著述、学术、教学、辅助)分门别类,以逻辑规则逐级划分,以古今时代为经,中外空间为纬,将古今中外的图书归集,以反映文献的传承关系。

(3)**排序先后律**:排列以先古后今,先国内后国外,先一般后特殊,先理论后应用,先理学后工学,先单行后合订,先原著后派生为法则。

(4)**排架同位律**:同作者、同标题、同内容、同时期、同品种在同学科前提下,原则上同位并列排架;主题字顺法排架可保障复本图书、再版图书、升级版图书同位并列。

(5)**分类号**:由图书学科代码、图书功能属性标识和图书品种编号组成;附加馆藏号组成馆藏图书分类号。图书学科代码由大、小写英语字母分别代表人文类和自然类各基本学科;附属学科二级或三级均用自然序数代表,小数点区分。预留其他机动学科用9代表,序数达9或进十位用99代表。

四、图书的学科定义

(1)**人文类学科**:关于人类的信仰、情操、思维、行为、生活方式及其社会关系的学科。

(2)**自然类学科**:关于自然界物质形态、结构、性质和运动规律的学科。

(3)**基础学科**:人文类学科和自然类学科在特定学科领域的

理论或技术研究的学科。有理论基础学科和技术基础学科之分。

(4)**应用学科**：指基础学科在某行业或领域应用的学科。

(5)**泛论学科**：指在人文或自然领域具有广泛意义的理论学科。

五、儿童图书的分类

儿童启蒙图书,即向儿童传授最基本、最简单、最实用的一般知识的读物,包括儿童启蒙读物、思想品德教育读物、科普读物、传播人类历史知识的读物、儿童文学读物等。可以分为以下六类:

(1)**幼儿文学的体裁**：儿歌、幼儿诗、幼儿童话、幼儿寓言、幼儿故事、图画故事、幼儿散文、幼儿戏剧等。

(2)**儿童文学的体裁**：儿歌、儿童诗、儿童童话、儿童寓言、儿童故事、儿童小说、儿童散文、儿童曲艺、儿童戏剧、儿童影视、儿童科学文艺和图画文学等。

(3)**图画书的种类与形式**：

按内容分：亲情、友情、爱情、科普、品德、人权、生命教育等；

按功能分：洗澡书、枕头书、玩具书(立体书)、识字图卡书等；

按材质分：布、木头、塑料、泡棉、纸本、电子书等；

按包装分：精装书、平装书、异形书等。

（4）图画书题材：民间故事、童话故事、幻想故事、成长故事、幽默故事、战争、单亲、死亡等。

（5）主题：幼儿绘本、品德教育、生命教育、健康医学、自然生态、科学教育、人文艺术、历史文化。

（6）其他：生活、知识、人际、品格、动物、自然、想象、特殊话题。

六、读书的分类

读书因人而异，读什么书，怎么样的读法，可谓千差万别。

日本的印南敦史将书分为三类：

（1）不必读的书；

（2）无法速读的书；

（3）可以速读的书。

我想，无法速读与可以速读的书其占比也适用于"二八定律"，即无法速读的书占二成，可以速读的书占八成。

王云五先生在《我怎样读书》一书中，将阅读分成四种："闲读""精读""略读"和"摘读"。

英国诗人柯勒律治将读书分为四种类型：

第一种是**海绵型**：什么都吸进去，再挤出来，原样不变，只是脏了些。换句话说，读书的时候将看到的内容全部吸收，然后几乎原样吐出来。

第二种是**沙漏型**：注进漏出，一点也留不下。换句话说，看书和没看一样，无所获，只是消磨了时间而已。

第三种是**滤袋型**：把豆浆漏掉了，只剩豆渣。换句话说，将书中的精华部分全漏掉了,剩下的都是糟粕。

第四种是**选矿型**:甩掉矿渣,只留下纯净的宝石。换句话说,读书不仅使自己得到好处,还能把这个好处传播出去,使别人也受益。

一般来说,常见的阅读形态包括求知型、消遣型、借鉴型、研究型四种。这些读书形式虽有交叉,但相互之间的区别是显著的。

所谓"开卷有益",应该说是读书对路,找到了适合自己的阅读形态,因而如鱼得水,乐在其中。如果让消遣型读者去读高深苦涩的学术著作,就会感到索然无味。反之,如果让研究型读者一天到晚去读那些"闲书",也会觉得无聊透顶。

1. 求知型读书

要想增进知识、丰富阅历、武装头脑,社会实践和认真读书是必由之路。青少年时期正是应该发奋读书的年龄段,"求学"读书是人生的一个重要阶段。只有刻苦努力,才能造就有用之材,才能成为社会栋梁。

俗话说"皇天不负有心人",只要努力耕耘,就会有丰厚的收获,关键在于个人的刻苦和方法得当。

古人一方面强调"书到用时方恨少",但另一方面也反对"读死书、死读书"。任何一位读书成功的人士,都是把书读"活"了,把书本知识用于实践,也就是把知识变成了力量。

人们走出学校,进入社会之后,在社会实践过程中,还会有主动要求学习的"求知欲",还会去不断读书,接受继续教育,这就是现代人常说的"充电"。

2. 消遣型读书

消遣型读书,就是我们平时说的"看闲书"。人们一天到晚辛苦劳作,身心俱疲,看看"闲书"可以放松我们的身心。要知道,"闲书"也有可能成为"热门书""畅销书",消遣的过程中也可以有借鉴。

3. 借鉴型读书

任何一个行业的人读自己的专业书,都可称为"借鉴型读书"。杜甫诗云"读书破万卷,下笔如有神",讲的就是借鉴之意。借鉴不是模仿,而是启发、吸收和创新。杜甫说的"万卷",并不限于文学,也不限于诗词,而应包括文、史、哲各个领域。后人将杜甫的诗意发展为"行万里路,读万卷书",更值得我们深思一番。

4. 研究型读书

在夜以继日的苦读、研究中,研究者得到了答案,推进了学术,发现了真理。学术研究本身主要是一种逻辑思维,形象思维很少,欣赏和消遣的成分更微弱。所以说,这种读书相当枯燥乏味。但一旦产出研究成果,研究者常常会感到乐趣无穷。

七、个人图书分类书目

1. 按书名进行分类

(1)按书名第一个字的拼音进行排序。

(2)按书名第一个字的笔画数目进行排序。

2. 按中国图书分类法简本进行分类

学生可以自行将图书分为教科书、教辅书、报刊、课外阅读、工具书等。

3. 按国籍和时间分类、按作者姓名分类、按专业分类、按大小分类、按书籍类别分类等

美国哥伦比亚大学在 20 世纪初就率先推行了名著导读课，向学生推荐哲学和社会科学领域的名著，包括"文学人文"和"当代文明"两门必修课。后来，这一做法被芝加哥大学和其他一些大学所采用。

为大学生推荐基本的名著，其实这一做法也是世界性的。日本岩波书店 2005 年出版的《向大学新生推荐的 101 册图书》，就是广岛大学为文理新生制作的一份推荐书目。该推荐书目由四个部分组成：一是超越时代的基本教养；二是人类进步的记录；三是跨学科的相关知识；四是现代的重要问题。

人们的生活越来越忙碌，面对多媒体的冲击，读书的时间越来越少。在有限的时间里，人们更加呼唤符合自己需要的推荐书目，以节省自己的时间，提高生活和阅读的效率。另外，图书越来越多，不知应该读何种书籍的困惑也就越来越大，也越来越需要推荐书目的指引。

八、国内外经典书籍归类

1. 世界文学名著精读

简·爱	呼啸山庄	傲慢与偏见
名利场	爱玛	大卫·科波菲尔
格列佛游记	金银岛	德伯家的苔丝
牛虻	蝴蝶梦	红字

续表

嘉丽妹妹	海狼	教父
飘	斯巴达克斯	爱的教育
堂吉诃德	变形记·审判	哈克贝利·芬历险记
汤姆·索亚历险记	高老头	欧也妮·葛朗台
悲惨世界	巴黎圣母院	三个火枪手
基度山伯爵	茶花女	红与黑
包法利夫人	漂亮朋友	娜娜
约翰·克利斯朵夫	神秘岛	海底两万里
格兰特船长的儿女们	复活	安娜·卡列尼娜
父与子	童年	钢铁是怎样炼成的
好兵帅克	少年维特之烦恼	戈拉
百年孤独		

2. 现代散文

白色山茶花(席慕蓉)	匆匆(朱自清)
春天吹着口哨(刘湛秋)	金色花(泰戈尔)
橡树(费拉里斯)	雨之歌(纪伯伦)
信念(张歧)	白鹭(郭沫若)
多彩的森林(柴德森)	梨花(许地山)
天窗(茅盾)	明月夜(席慕蓉)
榕树(泰戈尔)	论求知(培根)
高处何处有(张晓风)	

3. 童话故事

格林童话(20篇)

灰姑娘	小红帽	三种语言	白雪公主
十二个猎人	裁缝和鞋匠	睡美人	小鹿弟弟

星星银币	三兄弟找幸福	三只小鸟	三件宝
勇敢的王子	会唱歌的骨头	圣母的孩子	金鸟
布勒门的音乐家	百灵鸟	大拇指	青蛙王子
安徒生童话(20篇)			
丑小鸭	野天鹅	豌豆公主	拇指姑娘
皇帝的新装	打火匣	大克劳斯和小克劳斯	顽皮孩子
两个旅伴	幸运的套鞋	坚定的锡兵	夜莺
红舞鞋	海的女儿	园丁和主人	会飞的箱子
白雪皇后	老房子	影子	安琪儿
天方夜谭(6篇)			
一千零一夜的故事	阿拉丁神灯的故事	朱德尔的故事	渔翁的故事
辛巴达航海的故事	阿里巴巴的故事		
寓言故事(2本)			
伊索寓言	克雷洛夫寓言		
神话故事(18篇)			
盘古开天	上帝创世的故事	梵天创世的故事	上帝造人的故事
女娲造人	女娲补天	神农尝百草	天神创世的故事
黄帝战蚩尤	仓颉造字	共工怒触不周山	大禹治水
牛郎织女	钟馗捉鬼	后羿射日的故事	伏羲兄妹的故事
普罗米修斯的故事	嫦娥奔月		
成语故事(100篇)			
画龙点睛	一叶障目	天衣无缝	世外桃源
对牛弹琴	水中捞月	画蛇添足	东施效颦
百步穿杨	螳臂挡车	朝三暮四	一箭双雕
老马识途	杀鸡骇猴	此地无银三百两	空中楼阁
骑驴找驴	自相矛盾	黔驴技穷	返老还童
对症下药	熟能生巧	杞人忧天	按图索骥
解铃还须系铃人	杯弓蛇影	狐假虎威	鸿鹄之志
塞翁失马	叶公好龙	为虎作伥	望梅止渴

续表

一举两得	滥竽充数	三人成虎	瓜熟蒂落
瓜田李下	鹬蚌相争	夸父追日	凿壁偷光
沧海桑田	草船借箭	盲人摸象	囫囵吞枣
入木三分	见怪不怪	程门立雪	名落孙山
两败俱伤	愚公移山	邯郸学步	悬梁刺股
盲人瞎马	一鼓作气	一字千金	买椟还珠
呆若木鸡	疑邻盗斧	闻鸡起舞	三顾茅庐
道听途说	起死回生	打草惊蛇	一字之师
请君入瓮	以讹传讹	州官放火	郑人买履
相煎太急	夜郎自大	胸有成竹	感恩图报
孺子可教	瓮中捉鳖	金石为开	两袖清风
毛遂自荐	呕心沥血	梁上君子	游刃有余
黄粱一梦	同舟共济	余音绕梁	围魏救赵
江郎才尽	破釜沉舟	月下老人	精卫填海
破镜重圆	水滴石穿	价值连城	唇亡齿寒
卧薪尝胆	班门弄斧	皮之不存,毛将焉附	危如累卵
后生可畏	讳疾忌医	指鹿为马	高山流水

4. 中外小说

木偶奇遇记	绿野仙踪	鲁滨孙漂流记	三毛流浪记
爱丽丝漫游奇遇记	吹牛大王历险记	汤姆叔叔的小屋	西游记
雾都孤儿	水浒传	红楼梦	三国演义

九、有字书与无字书

　　书有两种,一种是有字书,另一种是无字书。有字书叫作知识,无字书则叫作人生。

有字书尽管卷帙浩繁、汗牛充栋，但毕竟还能以卷册数来计算；而无字书则充斥宇宙、囊括古今、遍布社会、总揽人生，是无法用数字来计量的。

清代学者张潮说："**能读无字之书，方可得惊人妙句。**"但是，读有字书易，读无字书难；读字面书易，读字后书难。

读有字书，能让我们学到自己所不知的东西，只需要用功苦读就可以了；读无字书，更能让我们觉醒，顿悟人生的意义，必须用心苦学苦悟。

阅读有字书，行走于字里行间，与古人交谈，可以使我们站在巨人的肩膀上，了解世界、认识世界，了解自己、读懂自己。

阅读无字书，流连于百年人生，可以使我们在一呼一吸之间、一言一行之中，彰显生命的价值。

"无字书者，天地万物是也。"生活就是一本无字书。

生活是一本缓缓打开的书卷，每本书都是一个精彩纷呈的世界，一个仪态万千的世界。**翻开一本书，日子是它的标点，月份是它的句子，年轮是它的段落。**在每一个岁月的篇章里，有喜乐、有忧愁，有低谷、有高峰。所以，我们要读懂生活这本无字书。

我们每个人都是生活这本书的一分子。

既然是这样，就必须在这生命的过程中，去书写自己的喜怒哀乐,站在人生的舞台上扮演好自己的角色。我想,正因为有了每个人的精彩片断,才有了生活这本书的美妙篇章。

读好有字书,是读好无字书的前提和基础。但在现实生活中,虽然有些人读了不少有字书,也下了不少功夫,却并没有成为严格意义上的学识渊博之人,最终成为"书呆子"。

明朝思想家洪应明在《菜根谭》一书中说:"人解读有字书,不解读无字书;知弹有弦琴,不知弹无弦琴。以迹用不以神用,何以得琴书佳趣?"意思是说,只懂得读有字书,却不懂得读大自然的无字书;只知道弹奏普通的有弦琴,却不知道欣赏大自然那无弦琴的美妙。这种庸俗的人只知道运用有形的事物,而不懂得领悟无形的神韵,所以,根本无法理解音乐和读书的真正乐趣。

其实,我们每个人都是作者,用生命如实地记下生活中的点点滴滴,一页又一页、一章又一章。我们每个人又都是读者,用期盼的眼睛眺望远方的梦,一个悬念接着一个悬念、一个美丽接着一个美丽。

我们每个人都明白,人生这一本书,它的序言一定是婴儿的啼哭,后记则一定是大地上竖起的一块墓碑。我们能够做的,只有努力去增加书的厚度、丰富书的内容,这是由我们自己决定的。

德国小说家尚·保罗曾经说过:"人生就像一本书,傻瓜们走马看花似的随手翻阅它,聪明的人用心地阅读它。因为他知道这本书只能读一次。"

书是胸中之山水,山水是胸中之书。我想,我们这辈子要做的,就是努力达到"**读有字书,明无字理**"的读书境界。

第三章　读书的好处

——书痴者文必工，艺痴者技必良。不去读书就没有真正的教养，同时也不可能有什么鉴别力。

有人问智者："我读过很多书，但后来大部分都忘记了，您说这样的阅读究竟有什么意义？"

智者回答："当我还是个孩子时，我吃过很多食物，现在已经记不清吃过什么了。但可以肯定的是，其中的一部分，已经长成了我的骨头和血肉。"

读书和阅读也是如此。

我想，我们的身体需要呼吸，这个呼吸靠肺就可以了。人的灵魂也需要呼吸，而灵魂的呼吸必定要靠阅读。

古人云："天下之事，利害常相半；有全利而无少害者，惟书。不问贵贱、贫富、老少，观书一卷，则有一卷之益；观书一日，则有一日之益，故有全利而无少害也。"

书，是历史长河中伫立的守候者，无论过去、现在，抑或是遥远的未来。

阅读是指获取他人已预备好的符号、文字并加以辨认、理解、分析的过程,有时还伴随着朗读、鉴赏、记忆等行为。

阅读,可以使人变得懂事、文明,可以使人变得高尚、完美。阅读,使人类有了自己的历史,使人类走出了蛮荒之地……

人类的文明与阅读密不可分。可以这样说,一部文明史便是一部阅读史。

生活中,有一种收获,让人一生受益,那就是读书的收获;人生中,有一种经历,让人难以忘怀,那就是读书的经历。

要知道,天下人,熙熙攘攘,皆为利来利往。天下事,也不计其数,我们每个人不可能每一件事情都去亲自实践。

人这一辈子,无论怎样辛劳、勤勉,实际上也只能在极狭小的范围内经历生活、体验人生。我们的经验有限,认知也不足,对生活、人生、生命的理解更是苍白空洞。鉴于此,人类发明了文字,进而用文字写成了书。

时至今日,一个识字的人,只需坐在案前,便可走出可怜的生活圈栏,而进入一个无边的疆域,去寻找自己的海阔天空。

读书是通往梦想的一个途径。

读书是一种境界,是一种方法,更是一种生存法则。正所谓"穷不读书,穷根难断;富不读书,富贵难久"。

美国投资家查理·芒格说过这样一句话:**"我这辈子遇到的聪明人,没有一个不是每天读书的。"**

蒙古也有一句谚语,叫作"日出唤醒了大地,读书清醒了头脑"。

读一本好书,可以让我们明净如水,开阔视野,丰富阅历,益于一个人的成长和成熟。

人的一生就是一条路,而在这条路上跋涉的痕迹,必将成为我们每个人一辈子的轨迹。在这条人生道路上，我们身边所见的风景是有限的，而书籍就是一架望远镜，就是一盏明灯，能让**我们看得更远、更清晰**。

我国古代思想家王夫之，一生著述 224 卷。有一年，他的大女儿出嫁，人们都来看望这位德高望重的老人，问他为女儿置办了什么嫁妆。王夫之高兴地拎来一只箱子，说嫁妆都备齐了。打开一看，原来是满满的一箱书。王夫之对大家说："这就是我多年来为女儿操办的嫁妆啊！"

我们要清楚现在身处的是一个什么样的时代。这是一个信息大爆炸的时代，是一个无限美好又有着无限可能的新时代。如果我们的知识面太局限而达不到复杂社会的要求，就跟不上时代发展的步伐。

萧伯纳说："**好书读得越多，越让人感到无知。**"我想，多读书、读好书，就是让我们变得更加聪明的最简便方式之一。

读书，不仅是我们的心灵鸡汤，也是开启心智的一串钥匙。但愿每一个人都能把读书当成一种快乐，并且去读那些有利于我们愉快成长的好书，让那从容的心情充溢我们的生活。

莎士比亚说："**书籍是全人类的营养品。生活里没有书籍，就好像大地没有阳光；智慧里没有书籍，就好像鸟儿没有翅膀。**"罗曼·罗兰说："和书生活在一起，永远不会叹气。"笛卡尔也认为："读杰出的书籍，犹如和过去最杰出的人物促膝交谈。"

书是"甜"的。所以说，读书可以使我们更充实更丰富，而有了知识以后，可以使我们的思想得到训练，境界得以提升。

鲁迅先生说："每天得到的都是二十四小时，可是一天的时间给勤勉的人带来智慧与力量,给懒散的人只能留下一片悔恨。"

爱好文学、擅长书法的宋朝第三位皇帝宋真宗在《励学篇》中写道:

富家不用买良田,书中自有千钟粟。

安居不用架高楼,书中自有黄金屋。

娶妻莫恨无良媒,书中自有颜如玉。

出门莫恨无人随,书中车马多如簇。

男儿欲遂平生志,五经勤向窗前读。

现代著名作家、教育家叶圣陶先生认为,**阅读可以实现六个"获得"**:

(1)获得间接经验作为写作材料;

(2)获得作者的思想、道理,并形成观点,可供自己思索和立意;

(3)获得作者的感情以陶冶情操;

(4)获得认识事物的方法,以便自己会观察、会思考;

(5)获得表达方法,对布局谋篇、铺陈比兴有所借鉴;

(6)获得词汇语汇,有了语言积累。

当代著名教育家朱永新也说过:"一个多读书的人,其视野必然开阔,其志向必然高远,其追求必然执着。"

书是什么?书是历史、自然、灵魂的记载。所以,读书对于学生来说,好处多多,而对于进入社会的成年人来说,也是收益很大。

我一直认为,读书是一件很私人的事情。正如美国著名心理学家布鲁姆所说:"不要试图通过你读什么或你如何读来改善你的邻居或你的街坊。"

有时候,我也一直在想,为什么生活中总是有那么多的烦心事呢?其实,杨绛先生早已给出了一个答案,"你的问题在于读书不多而想得太多"。

培根有一句话高度概括了读书的好处:"读史使人明智,读诗使人聪慧,演算使人精密,哲理使人深刻,伦理学使人高尚,逻辑修辞使人善辩。"

勤于读书有两个目标:一为进德;二为修业。进德,诚正修养;修业,成就事业。

北宋政治家、诗人寇准年幼时,特别不爱读书。他的母亲家教很严,看到儿子不喜欢读书,整日游手好闲,心里很不高兴,经常苦口相劝。

有一次,他的母亲看到寇准又在野外玩耍,怒火难遏,捡起身边的秤锤,扔了过去。秤锤刚好砸在了寇准的脚上,顿时鲜血直流。他的母亲心里也很难受,在给儿子包扎好伤口后,语重心长地劝勉儿子说:"希望以后你能刻苦读书,报效国家,一定不要玩物丧志。"

经过母亲的这番教训后,寇准幡然悔悟。他跪在地上,向母亲发誓说:"我知错了,望母亲宽恕,今后儿子决心改掉坏习惯,立志苦读圣贤,不辜负母亲的一片苦心!"

从此,寇准潜心向学,博览群书,最终成为名闻遐迩的民族英雄。

一、学生阅读的好处

北宋大文豪欧阳修说过："立身以立学为先,立学以读书为本。"

俄国文学家、哲学家列夫·托尔斯泰也说过："理想的书籍是智慧的钥匙。"

如果说读书是一条小路,路上布满了坎坷和荆棘,那么感悟就是一双脚,可以让我们去体会一路上的艰难和困苦。

如果说读书是一条小河,河中流淌着危机和险阻,那么感悟就是一条船,可以让我们去体验河中的惊涛与骇浪。

每本书都是一个精彩的世界。当我们开心愉悦时,书会陪我们一起分享;当我们忧伤烦恼时,书会替我们排忧解难。我想套用曹操《短歌行》中的一句诗:何以解忧? 唯有好书。

读书是灵魂的壮游,随时可发现高山大川、古迹名胜、深林幽谷、奇花异卉。在书的世界里,我们可以领略广阔的天地,欣赏壮丽的山河;可以回味时光的悠长,眺望未来的瑰丽。

在读书的过程中,我们可以向孙子请教兵法,和司马迁谈论历史,与徐霞客一起探索大自然的奥秘……

在 21 世纪的今天,学生更应借助课内和课外的阅读,培养自己多方面的能力,提高品德修养和审美情趣,积淀人文底蕴,逐步养成良好的个性和健全的人格,促进身心的和谐发展。

1. 阅读可以使学生储备必要的知识和常识

在日常生活中,高深的知识很重要,但普通的常识也很要紧。

整个学生时代，正是一个求知欲汹涌勃发的时期。随便一本有趣的读物，就能点燃学生对书籍强烈的好奇心。而读书，不仅能开阔视野，增添知识信息，了解和认识世界，还能满足学生那份天然具有的好奇心和求知欲。

伽利略是意大利伟大的物理学家、天文学家，在比萨大学读书期间，他就非常好奇，也经常提出一些问题，例如"行星为什么不沿着直线前进?"一类的问题。有的老师嫌他问题太多了，可他从不在乎，该问的还是继续问。

有一次，伽利略得知数学家玛窦·利奇来比萨游历，他就准备了许多问题去请教这位宫廷数学家。这一次可好了，老师诲人不倦，学生就没完没了地问。

这样，伽利略很快就学会了关于平面几何、立体几何等方面的知识，并且深入地掌握了阿基米德的相关理论。

读书可以丰富学生的知识量，强化学生思维的广阔性、深刻性、逻辑性和灵活性。大量的课外阅读，可以增加学生对自然科学、社会科学，以及世界各地风土人情的认识和理解。

多读一些好书，能让学生了解许多科学知识，能让学生开阔视野，增长知识，培养良好的自学能力和阅读能力。

所以说，阅读可使学生涉猎文学、历史、地理、科学、政治等多方面的知识，增广见闻，对今后的学习、工作和生活大有益处。

2. 阅读可以增强学生的想象力

只有博览才能博识。只有博览群书，才能使知识常新，才能见多识广，才能使我们的知识更加渊博。学生的阅读越广泛，储存的知识量就越多，想象力也就越丰富。尤其是看一些科幻书、漫画、侦探小说等，可以使学生更具有创造力和想象力。

读书是我们人生的主题。只有多读书、读好书,才能让自己吸收充足的养分,才能让自己的视野得以开阔延伸,才能让精神和情感得以蜕变与升华。

我想,一个人无论走多远,他的肉身都是囚禁在自己的"狱"内,而阅读是一种精神上的越狱。

杨绛先生曾经讲过这样一个故事。"文化大革命"时期,钱钟书先生被下放到"五七干校"进行思想改造,住在一个小窝棚里。杨绛先生指着这个窝棚问钱先生:"可否终老于此?"钱先生回答:"没有书读。"

是的,没有书读,无疑是人生所面临的最大问题。但如果有书可读,那么,即使终老于蜗居,似乎也不是什么问题了。

书中的世界广阔无垠,充满好奇、想象、梦幻和机遇。不论现实世界如何狭隘枯燥,如何冷漠残酷,但爱阅读的学生仍是理想远大、梦想无穷、创意无限的。

读书可以让我们拥有"千里眼""顺风耳"。俗话说,"秀才不出门,便知天下事","运筹帷幄,决胜千里"。多读一些书,我们就能融古今、通四方、承上下、跨东西。

3. 阅读可以提高学生的学习效率

如果一个学生的阅读量大,涉猎广泛,知识丰富,那么他的理解能力就比较强。在上课时,无论是文科课程,还是理科课程,他会比别的同学学得更快、理解得更快,接受新知识的能力更强,学习成绩自然就好。

有良好阅读习惯的学生,大脑中储存的词汇量就会比较多,语言表达能力就会比较强,无论是说话还是写作,都会比别的学生更胜一筹、超前一步。

阅读还可以使课内课外的学习有机地结合起来，进一步巩固课堂中学到的各种知识，提高学生的阅读水平和作文能力。学生通过大量的课外阅读，可以将课外的知识与自己课内所学到的知识融会贯通、相得益彰，形成"立体"的、牢固的知识体系和构架。

我国著名的语言学家吕叔湘先生也说过，他学习语文，**三分得益于课内，七分得益于课外。**

但是，有一点必须引起高度重视，我国文理分科的历史悠久，影响深远，导致**"学理的不知文，学文的不懂理"**的现象。

1948年，建筑大师梁思成教授在清华大学作了一次题为《半个人的时代》的讲座，谈到了文理分家导致人的片面化发展问题。他竭力提倡教育要走出"半个人的时代"，这是一个文人的美好梦想。虽然有改变的趋势，但时至今日，已是七十多年过去了，"半个人"和变相的"半个人"的现象还在中国盛行。

不管是重文轻理，还是重理轻文，文理的分离必然会导致两种畸形人的诞生，一种是**只懂技术而灵魂苍白的空心人**，另一种**是不懂科技而喜谈人文的边缘人**。我十分赞同梁先生的观点，也一直在呼吁"文理不分家，文理不分科"的理念，希望多培养一些全面发展、不偏科的复合型人才。

人文文化是为人之本，科学技术乃立世之基。科学与人文共生互通，不可分割、分离、分开。

科学求真，人文求善。文科教育培养人性、灵性，人文文化决定着民族的存亡、国家的强弱、社会的进退、人格的高低、涵养的深浅、思维的智愚和事业的成败。一个国家、一个民族，没有先进的科学技术，就会落后，一打就垮，受人宰割；而没有深厚的文化底蕴,就会异化,不打自垮,受人奴役。

4. 阅读可以构建学生的智力背景

苏联著名教育实践家、教育理论家苏霍姆林斯基认为,阅读是智力和思维发展的源泉,广泛大量的课外阅读,可以使学生获得知识底子和智力基础,以及情感和审美基础。他在《给教师的一百条建议》中说:"学生的学习越困难,他在脑力劳动中遇到的困难就越多,他就越需要多阅读。正像感光力弱的胶卷需要更长的感光时间一样,成绩差的学生,其智力也需要更明亮和更长时间的科学知识之光来照耀。不是靠补习,也不是靠没完没了的'拉一把',而是靠阅读、阅读、再阅读。"

只有在长期的阅读过程中日积月累,才能吸收文化和知识,并感悟、积累和沉淀,逐步提升自己的文化层次。

大量的课外阅读,让学生自己去获取、去探求、去寻觅、去掌握、去领会,从而感受到读书的乐趣,激发更强烈的读书欲望,最终形成良好的阅读习惯。

5. 阅读可以让学生更快乐

阅读是快乐的源泉,是通向内心安宁的一条通道。阅读能给人的心灵以慰藉,让人真正地拥有幸福和安宁。

如果学生经常阅读,把书当成朋友,在书中就可以体会到一种无法用言语来表达的快乐。一旦学生能自由自在地遨游在书海之中,他的生活内容就会更丰富、更快乐。

如果学生真正爱上了阅读,便会欲罢不能,他会不停地阅读,越读越多,越读越好。

阅读是人生最大的快乐之一。一书在手,乐以忘忧。我想,只有爱阅读的人,才可以享受那份自得其乐的悠闲。

我喜欢毕淑敏的散文,也许是她的内科医生身份之故。我总是这样认为,医文同源,医生出身的作家,一定会对生命和人生有一种更深层次的解读。她曾经这样说过,人生终要有一场触及灵魂的旅行,而与书隔绝的日子,心无家园。她还说过,书是一座快乐的富矿,储存了大量浓缩的欢愉因子。

旅行,是一次心灵的阅读,而阅读,则是一场心灵的旅行。

6. 阅读可以提高学生的综合素养,培养高尚情操和健全人格

英国的威沃克曾经说过:"只要读书用心,人的举止自然会一点点优雅起来。"很多老师认为,要使学生拥有更宽广的胸襟,拥有真善美的高尚情操和健全人格,只有从读一本好书开始。

读书可以使我们立志,激发我们的爱国热情,提升人生境界,强化人文精神。苏霍姆林斯基说得好:"如果学生的智力生活仅局限于教科书,如果他做完了功课就觉得任务已经完成,那么他是不可能有自己的特别爱好的。"

学生通过课外阅读,知道了古代岳飞、杨家将的精忠报国;知道了近代林则徐、左宗棠的保家卫国;知道了现代雷锋的助人为乐……从而使自己的思想和境界受到洗涤和滋养,使自己的灵魂得到净化和升华。

另外,书中复杂的论证及情节,也能引导学生边阅读边吸收,边分析边理解,培养学生独立思考的能力。

那些有良好阅读技能的学生,往往能经得起人生的考验。因为,他们视野开阔、心胸广大,能从多个角度去看待问题,能为他人着想,同情别人的不幸遭遇,懂得应对危机和挫折,情绪上也较为平和、愉快。

爱阅读的学生,在为人处世方面比一般学生表现出更高的情商。在同样的时间、同样的环境、同样的经历,多读书就可以让学生进步更快。

应该这样认为,**物质上的富有可以通过赚钱来获得,而精神上的富有只能通过阅读来达到。**

因为,每一篇文章和每一本书,都是我们的先人传承下来的精神财富;因为,我们读的文字,关乎作者的思维质量,也关乎我们的生命质量和人生质量。

因为,那些展示主人公美好品格的书籍,那些张扬作者人文精神的书籍,很容易在读者的内心引起共鸣和震荡。

读鲁迅的书,我们会被他那"我以我血荐轩辕"的赤子之心所打动;读李白的诗,我们会被他那"安能摧眉折腰事权贵"的铮铮傲骨所打动;读《钢铁是怎样炼成的》,我们会被主人公保尔那钢铁般的意志所折服……

这些向上、正向、积极的精神,会使学生的人格升华,促使他们形成良好的道德品格。

美国著名阅读研究专家吉姆·崔利斯曾经提出这样一个"阅读定律",听起来很简单,却有些道理:

(1)你读得越多,知道得越多;

(2)你知道得越多,你越聪明;

(3)你越聪明,在校学习的时间越长;

(4)你在校时间越长,获得的文凭越多,受雇工作的时间就越长——你一辈子赚的钱就越多。

反之,以下定律也成立:

(1)你读得越少,知道得越少;

(2)你知道得越少,越早辍学;

(3)你越早辍学,越早变穷,而且穷得越久。

可见,**阅读是消灭无知、贫穷和绝望的武器**。

所以,让小孩子尽快阅读,并爱上阅读,实际上就是培养他(她)一生中最重要的学习能力。很多父母只知道自己的孩子语文不行、数学不行、英语不行,其实归根到底,往往就是阅读理解能力低下所致。

7. 阅读可以提高学生的写作水平

读一些有关写作方面的书籍,能促使学生改正作文中的一些不足,从而提高学生的写作水平。

"书到用时方恨少",我想,这个"少"字有两层含义:一是阅读的内容少,二是记住的内容更少。

不读书,少积累,必然导致理解能力的欠缺,写作时无话可说,词不达意,语言乏味。

喜欢阅读的学生的语言能力往往比较强,在听、说、读、写等方面比不爱阅读的学生要高出许多,不必背诵、强记课文而能取得较好的成绩。另外,这些学生还能欣赏那美妙的、诗一般的语言,并从书中领悟出复杂的意念和意境。

博览群书,是一个积累的过程。天长日久,有的人自然会产生写作的欲望。阅读有助于积累词汇,而且因为读的书比较多,写起文章来也会有一种信手拈来的感觉。

二、进入社会后阅读的益处

书籍是民族文化的根。可以这样说,书中的每一个汉字、每一个词语,无不深深地烙着民族文化的印记,无不流淌着民族精神的热血。所以,我们对书籍所承载的民族文化,应从内心深处生出一种敬重、一种亲近、一种珍爱、一种惊叹。

其实,读书这件事情涉及两个方面:一是读者,二是作者。作者固然对读者作了不少的贡献,但读者也能借着自己的悟性和经验,从书中感悟出一些意想不到的收获。所以说,阅读是读者与作者之间的对话。

这种心灵对话所产生的强烈共鸣,唯有在读书时才能感受到。而那种感觉是如此的清新与透明,让人在阅读之后去思考,思考之后去感悟,感悟之后慢慢地释然。

虽然说读书不能被用来换取功名利禄和物质享受,但可以让人明事理、知兴替、懂得失、增见闻、长技能、冶性情。

这种不以实用和功利为目的的读书,一定可以陶冶情操、发扬精神、升华人格、开阔视野、丰富人生、纯洁心灵。

历史上的风云人物无数次证明,读书可以改变我们的认知、开拓我们的眼界、提升我们的心智,可以让我们拥有一个全新的世界。

华罗庚就是一个很好的例子。据说华罗庚读小学的时候,数学成绩一团糟。后来,他努力读书,持之以恒,克服了一个又一个困难,终于成为著名的数学家。

香港著名企业家李嘉诚先生中学没毕业,15 岁就开始挣钱养家。但他勤奋好学、酷爱读书，每天白天工作之后，晚上还要买些旧书来自学。他还把学完的旧书再拿出去卖，用以换购"新"的旧书。

林肯小时候家里非常贫穷。迫于生计，他的父亲没有办法供他读书。所以，他连一年级也没有毕业。他每天跟着父亲一起在西部荒原上开垦、劳动。但林肯自幼勤奋好学，一有机会就向别人请教。由于没有钱买书，所以他每天东奔西走，向富裕的人家借书来看。在放牛、砍柴、挖地时，他的怀里总是揣着一本书。休息的时候，一边啃着粗硬冰凉的面包，一边津津有味地看书。晚上，他常常读书到深夜也不肯上床睡觉。最后，他成为美国第十六任总统，深受人们的爱戴和尊敬。

阅读，恰如一日三餐，自然而不可或缺，应该成为人们生活的一部分。读书，也应该像呼吸新鲜空气一般，吐故纳新而不知不觉。

北魏的祖莹，出身富贵，非常喜欢读书。他读书"以昼继夜"，其父母"恐其成疾，禁之不能止"。他在父母入睡之后，"燃火读书，以衣被蔽塞窗户，恐漏光明，为家人所觉"。此举既使自己能继续读书，又能不影响父母，避免让父母操心，可见其用心之良苦。故时人称其为"圣小儿"。

明末清初有个叫唐铸万的人，曾经做过十个月的知县，而后辞官来到苏州，成为一介布衣。他的生活非常拮据，常常断炊，以废圃中的枸杞叶为食，"衣服典尽，败絮蓝缕"。在这种境遇下，他仍然能够安贫乐道，以读书写书为乐，"陶陶焉振笔著书不辍"。

1. 阅读可以优化大脑，提高事业的成功率

研究发现，读书可使人变得更加聪明。美国教育家施道弗告诉我们，阅读时用于眼球移动的时间仅占5%，其余95%的时间用于思维。所以说，阅读是一个积极的学习经历，会让我们的大脑保持异于常人的敏锐。

从医学的角度来说，读书对于大脑的好处，相当于锻炼之于身体的好处。读书可以提高专注力，保持大脑的敏锐力和活跃性，让我们更容易去克服压力、忘记烦恼，集中精力做好一件事。

伏尔泰曾经说过："读书使人心明眼亮。"

也就是说，读书可以使人明智明理，使人聪慧高尚，使人文明善辩；读书可以为思想美容，让心灵更加精致；读书可以增强思维能力，特别是一些推理小说，可以帮助我们进行深入的思考。

"走自己的路，让别人说去吧！"这句豪言壮语没有错，但是我想："走自己的路，也要听听别人怎么说。"阅读就是倾听别人声音的重要方法之一。

高山起于微尘，千里始于足下。书读得越多，我们所获得的知识就越多，就越容易获得成功，就越容易走上人生的巅峰。

唐宋八大家之一的苏洵小时候很贪玩，直到27岁才认识到读书的重要性。从此他就开始发愤读书，抓紧一切时间学习。有一年端午节，苏洵从早晨起来就一头扎在书房里读书。他的妻子把一盘粽子和一碟白糖送进了书房。将近中午，夫人在收拾盘碟时，发现粽子已经吃完了，碟里的白糖却原封未动，而旁边砚台上竟有不少糯米粒。原来，苏洵只顾专心读书，误把砚台当成了糖碟。正是凭着这种认真刻苦的精神，后来苏洵成为宋

朝著名的文学大家。

美国著名作家海明威曾经说过这样一段话:"**勇气是在压力下仍然能够表现出优雅**。因此,高贵优雅不是外在的东西,而是你面对他人乃至这个世界,能够表现出自己的善良与宽容、坚强与淡定,以及宠辱不惊的定力,这一切都是精神力量。坚持阅读,就是获得这种力量的最有效方式。"

2. 阅读可以提高语言表达能力和写作能力

在读书过程中,我们会发现自己的词汇量不知不觉地增多了,而且可以运用自如,更好地表达出自己的想法和感受。另外,阅读可以使我们拥有独特的见解和很多有趣的想法。

"口才"并不是"口"的能力,而是"脑"的能力和阅读的能力。怎样说话,似乎没有一个统一的标准。但是,从那些经典和优秀的著作中,我们能够学到不少有用的表达方式。

我们要多读一些名著和名人传记,还有小故事大智慧之类的书籍。看到比较好的段落或句子,就要把它摘抄下来,有的还需要熟记背诵。

我想,写作能力的提高,需要从小做起,从习惯抓起,从阅读开始。

多项研究表明,大量阅读的人可以从书籍里汲取营养、拓宽视野、丰富知识,往往会有很多的积累,包括辞藻的使用、素材的积累和情感的表达。

古人读书,教书先生并不会多讲文章的遣词造句、布局谋篇、修辞章法,但千百年来,他们却留下了大量让人叹为观止的不朽名篇。究其原因,就在于古人强调一个"读"字,正所谓"熟读唐诗三百首,不会作诗也会吟"。

美国的摩西奶奶从 77 岁开始作画,后来成为美国著名的、最多产的原始派画家之一。她说过,"任何人都可以作画","任何年龄的人都可以作画"。她还认为,人生没有太晚的开始,只有不开始。

在 100 岁时,摩西奶奶收到了一封信。写信人说自己已经 30 岁了,很是苦恼。他有外科医生这样稳定的工作,问摩西奶奶是否应该放下手术刀,去追求自己热爱的写作。摩西奶奶告诉他,没问题,你可以这样做。受到鼓励后,写信人辞去了工作,全身心地投入到写作之中。这位写信人就是后来风靡日本的著名作家——渡边淳一。

所以,我认为,什么时候开始读书、写作都不算晚。也许读书、写作不会为我们的人生带来很大的改变,但至少会是生活的一个崭新的开始。

中国当代著名文化学者余秋雨曾经说过:"阅读的最大理由是想摆脱平庸。早一天就多一份人生的精彩;迟一天就多一天平庸的困扰。"

阅读与写作是一体两面的事,就像教书与学习一样。当我们学会了真正的阅读,自然就会明白一篇好文章是怎样写出来的。我想,书读得多了,驾驭文字的能力强了,想要表达的思想就能流畅地泄泻出来。

"有输入才会有输出。"要想持续地有东西可写,有作品产出,就需要不停地阅读,不断地获取外界的信息。因为,闭门造车的人最容易出现黔驴技穷、江郎才尽的现象。

3．阅读可以充实我们的精神世界，开阔我们的眼界，塑造正确的世界观、人生观和价值观

被誉为"美国托尔金"和"新世纪海明威"的乔治·马丁曾经说过："读书可以经历一千种人生，不读书的人只能活一次。"

读书可以增加一个人谈吐的广度和深度，还可以增进一个人内在的气质和涵养。曾国藩曾经说过："人之气质，由于天生，本难改变，唯读书则可变化气质。"

气质是内在的东西，是灵魂的相貌。我坚信，一个不读书的人，很难有上乘的气质，而一个热爱读书的人，往往气质不俗。

有时我想，如果不读书，我们能拿什么去跟别人开玩笑呢？

在现实生活中，我们经常可以见到一些女性，婚前是那么知性、有魅力，但结了婚、有了孩子之后，完全陷入家庭的各种琐碎事务之中，就会变得无趣、庸俗，不再那么可爱了。

我想，如果一个母亲开始读书了，就可以静下心来和孩子讲道理，而不会对孩子大吼大叫，就会变得更加知性、优雅，而成为一个聪慧的、有气质的女人。

有人说过，一个国家的国民素质取决于这个国家母亲的受教育程度和人格素养。

读书的人从来都不会孤单。因为他们知道，书籍里蕴含着玫瑰般的馨香。当我们读书的时候，就像和一个老朋友在交谈，与一位知心长者在聊天。

读经典一部，胜杂书万本。我们在阅读专业书和娱乐性书籍之外，更要花点时间阅读一些经典著作。因为，阅读经典能丰富我们的精神世界，陶冶我们的道德情操，优化我们的人格素养，促进我们的身心健康。

应该这样说，一个人躯体的成长更多受遗传和基因的影响，而精神的成长则与后天的经典阅读息息相关。

只有通过对经典原著的阅读，通过与孔子、孟子等先贤达人的对话，才能达到他们那个时代的精神高度；只有通过对经典原著的阅读，通过和文艺复兴时期先哲大师的交流，才能达到他们那个时代的思想境界。

应该这样说，没有经典阅读，就不可能有个人心灵的健康成长和精神的完整发育。

虽然阅读不一定能延长我们生命的长度，但一定可以拓宽我们生命的宽度，增加我们生命的厚度。

虽然阅读不一定会改变我们的容貌，但一定可以改变我们的品质和气质。

虽然阅读不一定能实现我们的人生理想，但一定可以帮助我们更接近人生的梦想。

虽然阅读不一定会使我们变得更富有，但一定可以使我们变得更有智慧。

我们要记住这样一句话，一心向着自己目标前进的人，整个世界都会给他（她）让路。只要我们勤奋努力，只要我们持之以恒，黑夜总会过去，梦想总会变为现实。

读书的人更能知不足。读书越多，就越能够感觉到自己知识的储备量不够，就越觉得自己存在的短板太多。

王安石是伟大的改革先驱，还是北宋时期著名的思想家、政治家。他曾深有体会地说，"非读书不足以应事"，并且感慨地总结道："读书谓已多，抚事知不足。"

读书的过程，就是一个遇见他人、遇见自己的过程，也是一个从书本中来，到生活中去的过程。

其实，世间的一切，都是一场遇见。

冷遇见暖，就有了雨；春遇见冬，就有了岁月；天遇见地，就有了永恒；人遇见人，就有了生命；而人遇见书，就有了温度和共鸣，就有了成长和美好。

我们读书，既是在读世界、读他人，也是在读自己。正所谓"众里寻他千百度，蓦然回首，那人却在灯火阑珊处"。

我想，所谓阅读的意义，大概就是让人眼界更开阔；所谓读书的价值，大概就是对自我有一个更清醒的认识，而不至于狂妄自大而目中无人。

人之初，性本私。人性没有善恶之分，人性的养成关键在于出生后的正确引导。在一个人的成长过程中，有一位良师益友能起到非常积极正向的作用，这位良师益友就是书籍。一本好书就如一个好的导师，能教导我们去做一个于己、于家庭、于社会都有用的人。

所以，有人说，找一本好书读，就是去找一个制高点。

书籍能安慰我们的心灵，在迷茫的时候教会我们如何作出正确的抉择，使我们能快速摆脱悲哀与痛苦的羁绊；书籍可以使枯燥乏味的岁月化为令人愉悦的时光，在我们茫然无助的时候，像一盏指路明灯带领我们走出黑暗的低谷。

余秋雨先生曾经这样评论过书籍的功能，他说："只有书籍，能把辽阔的空间和漫长的时间浇灌给你，能把一切高贵生命早已飘散的信号传递给你，能把无数的智慧和美好对比着愚昧和丑陋一起呈现给你。区区五尺之躯，短短几十年光阴，居然能驰骋古今，经天纬地，这种奇迹的产生，至少有一半要归功于阅读。"

4. 阅读可以减轻压力，放松身心，修身养性

"胸藏文墨虚若谷，腹有诗书气自华。"读书可以改变平庸、解气除烦、摆脱俗气，可以使我们平心静气、物我两忘、宠辱不惊、精神愉快。

"养心莫如静心，静心莫如读书。"读书可以让我们沉浸其中，忘却烦恼和伤痛，缓解压力和焦虑。

一本本的书，就像一节节的脊椎，稳稳地支持着阅读的人。你看，书一打开，就成为一个拥抱的姿势。

所以说，阅读就是一座随身携带的避难所，几乎可以避开生命中所有的灾难。

因为，只有通过读书，我们才会知道，原来"静"中藏着一个"争"字，"稳"中带有一个"急"字，"忙"中藏着一个"亡"字。这些高深的中国文字告诉我们一些为人处世的智慧，那就是：越急，手脚越要稳；想争，内心得要静；忙碌，更要关爱自己的身心。

从某种意义上说，读书也是一种休闲、一种娱乐。在书的海洋里遨游，远离繁华浮躁的喧嚣，享受庄周梦蝶的宁静，对于现代人来说，应该是一种无限快乐的事情。

国外有一项研究显示，人们在疲惫不堪、心情烦躁时，读书可减轻压力并放松心情，且效果最佳。读书6分钟就能够降低压力68％，而听音乐降低61％，喝茶降低54％，散步降低42％。

阅读者愉悦内心，畅想未来，就可以遇见最美好的自己。

一个人年轻的时候，如果没有读几本好书，就会一辈子底气不足；一个人在成长阶段，如果读了几本好书，就会变得形象高大、生命充实、思想成熟，人生的命运也许会因此得到彻底的

改变。

家有诗书,人多儒雅,序塾相望,弦诵相闻。我们在阅读之时,仿佛可以聆听那美妙的书之声,而这种天籁之音清脆悠远、高亢激昂,这种绕梁之声涵盖了千古,包罗了万象。

阅读,是一种诗意的生存状态,是一种幸福的生活方式,是一种温暖的生命体验。所以说,**阅悦一定相通,静净必然相连**。

毛泽东曾经说过:"饭可以一日不吃,觉可以一日不睡,书不可一日不读。"这是因为,阅读可使人睿智、豁达、充实,阅读可使人高雅、美丽,阅读可使我们的未来精彩无限。

古人云:"不读圣人书,难有圣人德。"

中国现代哲学家、翻译家贺麟将阅读当作"划分文明人与野蛮人的界限"。而梁实秋则将阅读视为"最简便的修养方法"。

我坚信,阅读,一定是深入骨髓和血液的一种教养。

阅读,能够改变人生的匮乏、贫弱和苍白,使我们自信从容、温文尔雅;能够改变人的精神、气质和品性,使我们成为一个知书达礼、风度翩翩的优雅之人;能够不断增长我们的职业智慧,使我们在生命的历程中闪耀出睿智的光彩,充满创造的快乐;能够促使我们去思考人生,从而实现自我层次的提升和生命的升华。

读书是一种放松身心的休憩方式。

读书可以帮助我们放松自己、陶醉自己、提升自己,还可以让我们获得内心的平静,享受读书带给我们的快乐和幸福。

另外,经常读书的人遇事冷静、处理得当,与周围的人能和谐相处,待人接物也能做到恰如其分;经常读书的人谈资更多,更了解现象背后的道理和原理,也更富有同理心,能够包容不同声音。

读一本好书,似细雨绵绵,能洗去我们身上的浮尘;读一本好书,如饮醍醐,可以抹去浮躁、淡化功利、颐养性情,净化我们的心灵。

读书给予我们的最大好处就是,有时间能和自己独处而享受那份孤独,使我们有勇气去直面孤独,不至于六神无主、方寸大乱,而肆意纵欲以麻醉自己。

5. 阅读决定人生的格局和高度

阅读决定人生的格局。阅读最大的功能就是启蒙,能使人的心灵得到陶冶,让人明白一些道理。读书的人心胸都比较开阔,眼光也比较长远。因为,眼睛看不到的地方,文字完全可以扫描到。

一个人的心智和视野决定了人生的格局大小,而格局最终决定人生的结局。这个世界其实很公平,时间和书本会滋养我们的生命,把最美好的东西融进每个人的生活。在人生的道路上,我们每个人都需要不断地阅读,来提升自己的格局,改变自己的命运。

阅读决定未来人生的高度。也就是说,读书的厚度、深度、宽度、速度和境界,决定了一个人的人生高度和生命强度。

书籍就好比清水,虽然总是从篮子里溜走,却会在不经意间涤净篮子,使篮子变得干净而有光泽。

只有博览群书,海量阅读古今中外的名著经典,广泛涉猎百科书籍(如天文、地理、历史、物理、化学、生物、哲学和艺术等),才可以使我们的智慧得到不断激发,最终形成一种强大的发展能力。

品书如进食,得其法,则营养与美味俱得;不得其法,或不得美味,或不得滋养,或伤害身心与灵魂。

清代名臣曾国藩认为读书有三种好处:正三观、养特长、增气质。要知道,一个人的世界观、人生观、价值观,这"三观"一正,一切皆正。

有一句话说得好,一个不读书的人,三观的形成很单一,主要靠身边亲朋好友的影响。周边人的三观不正,那么他的三观同样走偏。所以说,一个读书人三观的建立,会受到各个阶段教师的三观和书本的影响,尤其是书本的影响更为深远。

好书读得越多,越能从不同的角度清楚地认识自己,读懂、读透"人类的容颜"。

"你站在桥上看风景,看风景的人在楼上看你。"读书让我们在欣赏别人的同时,自己也成了别人眼中的一道风景。

人们博览群书,汲取人类的文化精华,能使自己"成为一个高尚的人,一个纯粹的人,一个有道德的人,一个脱离低级趣味的人,一个有益于人民的人"。

所以,我们要把书当作"缺席的老师"一般看待。

三、读书与不读书的区别

如果现在不读书,换来的一定是一辈子的卑微和底层。

有一段父子之间经典的对话,告诉了我们努力读书和不读书的不同。

有一个小孩刚上学不久就问当农民的父亲:人为什么要读书? 父亲说:一棵小树长 1 年的话,只能用来做篱笆,或当柴烧;

10 年的树可以做檩条;20 年的树用处就大了,可以做梁,可以做柱子,可以做家具……

读书是对一种生活方式、人生方式的认同。是否读书,区别出的是两种截然不同的生活方式和人生态度。这中间是一道屏障、一道鸿沟,两边是完全不一样的气象和人生。一面是草长莺飞、繁花似锦,而另一面必定是荒凉无边、寂寥悲苦。

读书,应该是世界上成本最低的升值方式;而懒得读书,是通往成功路上最大的敌人。

吕蒙是三国时期吴国的大将。他曾多次立下大功,却不爱读书。于是孙权对吕蒙说:"你现在是大将军了,肩上的担子很重,一定要多读读书,长点见识。"吕蒙便开始读书。

后来,吕蒙发现书中有很多以前他根本不知道的东西。一次,他读到孙膑用"减灶计"诱使庞涓轻敌,最后打败庞涓的故事,感到眼界大开。于是,吕蒙逐渐爱上了读书。

在军务繁忙之余,他便一头钻进书堆里,如饥似渴地阅读古代的兵法和史书。几年下来,吕蒙的军事才能大有长进。孙权大为高兴,就让吕蒙担任了大都督,统领全国兵马。

读书和不读书的差距真的很大,不仅仅是金钱,还有我们所生活的环境、所接触到的人,以及本身的眼界和格局。

一两天不读书,没人看得出来;

两三天不读书,感觉开始无聊;

七八天不读书,精神开始空虚;

半个月不读书,情绪变得浮躁;

一个月不读书,生活变得空洞。

如果不读书,我们就会堕落,变得没有追求,缺乏上进心;就会自以为是,沾沾自喜,变得没有方向。

所以说,我们可以不上学,但不能不读书。

英国著名历史学家麦考莱留下了一个流传很广的故事。他曾给一个小女孩写信。信上说,如果有人要我当最伟大的国王,一辈子住在宫殿里,有花园、佳肴、美酒、大马车、华丽的衣服和成百的仆人,条件是不允许我读书,那么我决不当国王。我宁愿做一个穷人,住在藏书很多的阁楼里,也不愿当一个不能读书的国王。

读书贵在自觉。我要读,是一种乐趣;要我读,则是一种负担。

真正喜欢读书的人,每当读到"精妙之处,忍不住击节叫好;伤感处,止不住眼泪扑簌;激愤处,耐不住拍案而起;谐趣处,憋不住哑然失笑"。

读书与不读书的区别主要表现在以下几个方面。

一是生命的优雅和气质不同。只有阅读,才能教人优雅,涵养才情,洗尽铅华,沉淀灵魂。我一直相信,一个人的气质里一定藏着他(她)曾经读过的书、走过的路和爱过的人。

读书可能在短期内不能给我们带来经济效益,但可以丰富我们的内在美。同时,读书不会是我们唯一的出路,但是我相信,它一定是最好的出路。

中国台湾作家龙应台有一段与子女的对话值得我们深思:"孩子,我要求你读书用功,不是因为我要你跟别人比成绩,而是因为,我希望你将来会拥有选择的权利,选择有意义、有时间的工作,而不是被迫谋生。当你的工作在你心中有意义,你就有成就感。当你的工作给你时间,不剥夺你的生活,你就有尊严。成就感和尊严,会给你快乐!"

　　读书是打开世界之门的最好钥匙。读书的人是阳春白雪,而不读书的人则是下里巴人;读书的人是幸福的,而不读书的人则是痛苦的。

　　读书的人之所以是世间最幸福的人,这是因为,读书的人除了拥有现实的世界之外,还拥有另一个更为浩瀚也更为丰富的世界。这个世界,既有物质,又有精神和灵魂;既有当下,又有过去和将来;既有真实,又有虚拟和科幻。

　　列宁有一句名言:"人的一生有三项任务:学习、学习、再学习。"

　　俗话说得好:一生读书,一生聪明;一生读书,一生光明。

　　二是表达能力和表达方式上的差异。我曾在网上看过这样一个段子:面对美景,不读书的人只会说"真好看",而读书人却能说"落霞与孤鹜齐飞,秋水共长天一色";感叹人生,不读书的人只会说"年轻真好",而读书人却能脱口而出"白日放歌须纵酒,青春作伴好还乡";开心的时候,不读书的人只会说"我好开心",而读书人却能说"春风得意马蹄疾,一日看尽长安花";伤心的时候,不读书的人只会说"我的心好疼",而读书人却能说"问君能有几多愁,恰似一江春水向东流"。

　　读书可以让我们掌握知识,而知识就像呼吸一样,在吐纳之间,所彰显的是一个人的气质与涵养。

　　通过阅读,我们不仅可以学会一些解决实际问题的方法,也能在无形之中提高修养层次和综合素质,为自己增加一抹书卷文艺的气息,让自己的气质更加出众迷人。

其实,有的时候想一想,不读书的人,连骂人都不知道骂什么,连吵架都吵不赢。

不读书的人虽然也可以活得有滋有味,可以有车有房有存款,但少了精神层面上的积累和升华。不读书的人当然也可以周游世界,只是看山还是山,看水还是水,从来不会因看到瀑布而想起"君不见,黄河之水天上来,奔流到海不复回"的壮美景象。看《西游记》也只是看个红火热闹,只会关注孙悟空的神通广大,却不会深思西游背后每个人的心路历程和团队成长。

三是心境和素养不同。读书,其实就是将人类浓缩几千年的科技、文化快速习得的最佳方式。读书的人能够在极短的时间内,掌握大量的科学文化知识,摆脱愚昧和迷信,不再是一个胸无点墨、空空如也的人。

读书是获取知识的渠道,提高综合素质的有效途径,也是涵养静气的摇篮。多读书,就可以增加一点"书卷气""书生气",保持心静如水、人淡如菊的心境。读书可以增长知识、提高素养、去除愚昧、充实生活、丰富精神,读书还可以滋润心灵、减少空虚,使人淡定从容、明辨是非。

读书人的脸上、身上,一定有一种特别的气质。而这种气质,就是我们常说的那种"书生气""书卷气"。这种"书生意气"完全是他们坚持阅读,才慢慢积蓄而成的一种"精气神"。它会从一个人的灵魂、骨髓、血液,从人的眼底、心中、脑里,无声无息地散发出来。我想,这应该是人世间最美丽的东西。

他们是性情中人,挥斥八极,神游万仞,纵横驰骋于天地之间。这些文质彬彬的君子,具有"白日放歌须纵酒,青春作伴好还乡"的豪情快意,具有"无路请缨,等终军之弱冠;有怀投笔,慕宗悫之长风"的壮志凌云,更有"仰天大笑出门去,我辈岂是蓬蒿人"的得意疏狂。

最是难得"书生气",最是可贵"书卷气"。读书人的气质,是由连绵不断的阅读潜移默化养成的。有些人,虽然身体上很不完美,然而,读书生涯的这种"书生气""书卷气",可以使他们由内到外获得新生。

读书,就是为了使自己成为一个有温度、懂情趣、会思考的人,是为了使自己成为一个与众不同、不同凡响、异乎寻常的人。

读书,就是一个与智者交谈、与伟人对话、与书中的人物作对比的过程。人们可以通过审视自己的不足,重新认识自己,理清心中那百思不得其解的疑惑,并最终使自己成为一个更好更强的人。

因为,在读书时,我们学会了感知世界、触摸梦想,学会了觉察自我、反思人生,学会了去欣赏生活的美好和生命的可贵。自己的心灵得到充分的滋养之后,最终形成了自己对世界、对人生、对生活、对生命、对幸福的独特看法。

读书能帮助我们发现前方,并引领我们走向前方。因为在书中,我们可以看到屈原"伏清白以死直"的忠诚、李白"安能摧眉折腰事权贵"的傲骨、鲁迅"我以我血荐轩辕"的初心、文天祥"留取丹心照汗青"的豪情,以及范仲淹"先天下之忧而忧,后天下之乐而乐"的胸怀……

不读书的人其实是没有前方的。这些人既没有未来,也没有过去。而读书的人读着读着就有了过去、现在和未来,以及风景无边的前方。

四是面对孤独的态度不同。读书的人更能够积极面对孤独,并享受孤独,正视孤独,战胜人性中的那点怯懦和懒散,摒弃人性中的那些丑陋和邪恶。而不读书的人则害怕孤独、逃避孤独,并用错误的方式释放孤独。

其实,一个人学会与孤独对话的时候,才是真正自由的时候。

我们可能没有经过繁华之境,没有听过喧嚣之声,但要坚信,那寥寥文字一定会带给我们智慧和底气、信心和勇气,无论我们是贫穷还是富庶。

我们要明白,世界上的好书不是一下子就能读完的。我们必须坐下来、静下来,耐得住寂寞,一字一句一段、一节一章一篇,慢慢地阅读,就能够从书中得到无限的乐趣,就能够从书中捡起一些宝贵的东西:扬在脸上的自信、长在心底的善良、融进血液里的骨气、刻进生命里的坚强……

经常读书的人更喜欢思考,相对来说,也更能输出自己的观点和价值。人心向善,家穷的子弟多读书。要知道,真正让我们一无所有的不是贫穷,而是心穷。

一个人活着,不怕一时穷,就怕心穷穷一生。因为心穷的时候,也就没有了远见和格局。

我想,经常读书的人,心一定不会穷。因为,经常读书,读好书,读经典书,即便这辈子过得不尽如人意,甚至是颠沛流离、穷困潦倒,也一定比不读书的人更加安静、笃定、坦然,而不会陷入怨毒、牢骚、猥琐、阴暗和自暴自弃之中。

五是日常的举动和认知不同。读书具有仪式的作用,而仪式的力量有时能超过一切内容。所以,我们常常会说,读书和不读书,过的一定是不一样的人生。

为什么同样的工作却有不同心境?为什么同样的家庭却有不一样的情调?为什么同样的后代却有不一样的素养?这就是读书与不读书的区别。

读书的人会说:书中自有千钟粟,书中自有黄金屋,书中自有颜如玉。书中自有苦辣酸甜,书中自有悲欢离合,书中自有喜怒哀乐。而不读书的人只会说,读书没用,百无一用是书生。

灿若星辰的书籍是人类智慧的结晶。如果没有这些记载,世界就会缺少色泽和光彩,而读书的人则会在阅读的过程中,慢慢汲取自己所需要的精神食粮。

任何一本充满智慧、让灵魂飞扬的书,只要被打开,便会让我们立即进入到一个与凡尘不一样的世界。那里光芒万丈,流水潺潺,没有战争和仇杀,没有贫穷和争斗,花果遍地,四季芬芳。

书做成台阶,直入云霄。于是,天堂就变成了一座图书馆。

如果我们的一辈子都与书有缘,那么,书中自有少年五彩的梦,书中自有中年朴质的影,书中自有老年夕阳的红。

如果我们的情感融进了书里,那么,书中自有感人的亲情,书中自有纯洁的友情,书中自有永恒的爱情。

我想,在任何时候,任何地方,人们只要不将书丢掉,一切就都不会丢掉。所以,我们可以丢掉其他事物,但千万不要丢掉书。

生活日复一日,工作周而复始,现实很残酷,生活很艰难,一不小心我们就会陷入琐碎与烦恼之中。但当我们打开一本书,内心的世界,从此一片干净。

因为，当我们打开一本书，用心去阅读，沉浸到作者所描述的世界中去，就会忘掉生活的烦恼，忘掉自己的不快，超越眼前的境况，超越平凡世界里的庸常与琐碎。而当我们合上书本，再回到现实世界之中，我们的状态已经发生了质的变化。

六是与他人的距离感不同。读先贤、前辈、精英的书，就可以拉近与他们之间的距离。阅读的兴趣相同，或是阅读了喜欢的书，"此时无声胜有声"，人与人之间就会产生共鸣，就会有一种感同身受的共情和同理。

爱读书的人，心灵相通，惺惺相惜。因为，他们有更多的共同话题，能够建立更深入的联系。富兰克林曾经写信向他的政敌借了一本书，结果他们化敌为友，成了终生的朋友。钱钟书也说过，青年男女之间借书、还书，聊一聊书中的内容，很容易就谈起了恋爱。现实情况就是如此。如果我们多参加一些读书会，就会很容易交到志同道合的朋友。

阅读本身就是一种美好。毛泽东说过："我见到了书，就像是一头饥饿的小牛犊闯进了菜园子。"其实，我们每个人天生具有好奇心，天生就爱学习、爱读书。

有人说："一个人读多少书是写在脸上的。"这是因为，"书是唯一不死的东西"，"一本好书，可以影响人的一生"；这是因为，读书可以让我们站在更高的高度来看世界，从而使自己少犯错误，少走弯路。

书籍是抚慰心灵的鸡汤。读书可以激发一个人的潜能，能给人以启发，并找到解决问题的办法；读书可以提高一个人的自身修养和气质，能丰富自己；读书可以磨炼一个人的性格，能使人成熟稳重；读书还可以使我们获得沟通的技巧，提升沟通能力。

美国心理学家霍夫曼博士认为,读书与人的性格、命运之间有着密不可分的内在联系。他归纳出了15类读书人不同的性格特征:

(1)如果爱阅读罗曼蒂克一类的小说,那他(她)肯定是一个感情较为丰富充实、对生活充满信心的人。

(2)倘若喜欢看传记体裁的书籍,那他(她)必定是一个深思熟虑、谦虚好问的人,既有雄心壮志,又能脚踏实地。

(3)如果对小型报纸爱不释手,他(她)一定是一个乐观快活、感情外露的人。

(4)如果很欣赏喜剧性的书籍,想必他(她)是一个与忧愁、痛苦和烦恼无缘的人,笑口常开,青春永驻,具有潇洒的风度和风趣的性格。

(5)倘若常读报纸和新闻性刊物,说明他(她)是一个关心国内外大事、眼观世界风云变幻的人。

(6)要是对画报或是大型画册兴趣盎然,那他(她)肯定是一个热情好客、爱交朋友的人。

(7)如果喜欢拜读《圣经》,可以断言他(她)是一个为人诚实、手脚勤快、尊敬智者、严于律己、与人为善的人。

(8)倘若爱看侦探或破案一类的书籍,相信他(她)是一个爱动脑筋和喜欢去解决难题的人。而且,对于一些令人望而止步的难题,会兴趣倍增,以破解困难为乐事。

(9)要是对科幻类的图书如获至宝,则他(她)一定是一个思维发达、想象丰富、创造力强的人。

(10)如果经常阅读妇女方面的报刊,那就表明她自己希望成为女性当中的佼佼者,事业上富有进取心,工作时严格要求、一丝不苟。

(11)倘若喜欢阅读财政经济一类的书报杂志，可以看出他(她)是一个自尊自重的人，崇拜那些在事业上卓有建树的人物，并以他们为榜样，努力实现自己的价值。

(12)如果对一些广为流行的时尚杂志格外青睐，很有可能他(她)会比较多地关注自己的身份和地位，有时甚至会脱离实际而盲目拔高自己。

(13)他(她)如果特别喜欢诗词，那一定是一个热爱生活的人，对大自然的蓝天、大海、高山、流水、飞禽和走兽钟爱有加，希望自己的心灵得到净化，远离"假恶丑"，追求"真善美"。

(14)倘若他(她)读历史书籍津津有味，那一定是一个尊重事实、讲究实际和重视效果的人。

(15)他(她)要是醉心于恐怖故事，或许是由于对生活感到厌倦而心情压抑、不堪重负。为了摆脱内心的空虚和焦虑，他(她)只好用外界的刺激使自己得到解脱。然而，效果并非想象的那么理想，尽管能暂时使自己忘却烦恼和抑郁。

宠辱不惊，闲看书卷上下沉浮；去留无意，漫随人生悲欢离合。

如果能与书为伴，便可清净恬淡；如果能以书为友，便可不见忧愁。

我们要明白，读书是看手机、玩电脑所不能取代的，读书的好处也是别的事情所无法比拟的。

作家梁衡常说："只要有阅读，人就不会倒，不会老。"金庸先生也有言："只要有书读，做人就幸福。"

一个社会到底是向上提升还是向下沉沦，就要看国民的阅读能植根多深；一个国家谁在看书，看哪些书，就决定了这个国家的未来。所以说，读书不仅仅影响到个人，还影响到整个民族、整个社会。

一个人最大的不幸，是从未读过书。

一个人最大的愚顽，是不喜欢读书。

一个不读书的社会，一定是浮躁的病态社会。

一杯清茶，斟酌人生百味；一本好书，领悟智慧沉淀。我们要知道："不读书的家庭，就是精神上残缺的家庭。"一个不爱读书的民族，是可怕的民族，也是没有希望、没有出息和未来的民族。

四、死读书的弊端

死读书不如不读书。

我曾看过这样一幅漫画：一个戴着眼镜的书呆子，正抱着一本《百科全书》专注地看，两腿间还夹着一根鱼竿，坐在井边钓鱼。旁人不理解，问井里怎么会有鱼呀？他说："这本书上说，鱼儿离不开水啊。"

科学家曾做过一个实验，把一批小白鼠分成两组。一组小白鼠每天都给他们很多好吃的，别的什么事情都不用做，它们吃完了就睡，睡够了再吃；另一组小白鼠每天只喂半饱，所以肚子很容易就饿了，因此这组小白鼠只能到处寻觅食物，总是在忙碌着。

半年后，科学家看到的是：每天吃得饱饱的小白鼠不是得病了，就是死掉了；相反，另外一组小白鼠却很健康地活着。

其实，这个原因我们很多人都知道。没有吃饱的小白鼠在寻觅食物的过程中，既锻炼了身体，又让自己更快地适应这个社会，提高了免疫力，因此比前面一组的小白鼠更加健康，也更加快乐。

遗憾的是,中国的父母亲们都在义无反顾地填饱我们的孩子,而一如既往地忽视孩子的身心和灵魂、尊严和个性、情商和逆商。我一直在想,都什么年代了,还在让我们的孩子"死读书""拼分数",这应该说是教育的悲哀。

《刘羽冲死读书》一文载于清朝纪昀的《阅微草堂笔记》之中,讲述了刘羽冲没有灵活运用书中的内容及知识,以死板的书呆子为最终归宿的故事。

有一回,刘羽冲偶然得到一部古代兵书,伏案读了整整一年,自认为可以统领十万兵马。这时,恰逢有土匪强盗出没,他便训练乡兵与土匪强盗较量,结果以溃败覆没而告终。

后来,刘羽冲又找到一部古代有关水利建设的书,伏案读了整整一年,自认为可以使千里之地变成沃土。他绘制了水利图向州官游说,州官也认为这是一件利国利民的好事,就派人在一个村子里试行。结果沟渠刚挖成,天降大雨,洪水顺着渠道灌入村庄,村里人险些全被淹死。

从此之后,他郁郁寡欢,常常独自在庭院里散步,摇头自言自语说:"古人怎会骗我!"像这样一天会说上千百遍,只说这六个字。不久,他就得重病死了。

要知道,**死读书者和读死书者一样,都是社会的白痴**。

我想,死读书会造成以下一些怪现象:

(1)**死读书容易使人理想化**,说话办事不那么现实。书中的世界是一个浓缩精华的理想世界,如果经常沉浸在高于生活的氛围里,"书生气"就会很浓,就会脱离生活和现实。

(2)**死读书容易使人缺乏行动能力**。这些人"两耳不闻窗外事,一心只读圣贤书",讲起理论来,天南海北,一套一套的,如果真要让他们去解决一个实际问题,往往就显得手足无措了。这些人鄙视"匠气",而最推崇"诗意",最喜欢吟风弄月,而不屑脚踏实地。因为,中国的传统文人常常鄙视劳动和工匠,总认为"劳心者治人,劳力者治于人",不太看得起劳力者。

(3)死读书容易培养出"头脑发达,四肢简单"的学生。这些人常常弱不禁风、身体孱弱。因为,四体不勤、五谷不分是古代读书人的标准形象。毛泽东早年就主张"文明其精神,野蛮其体魄",但死读书的人很少能做到这一点。也许,死读书本身就只能使人"文明",而难以使人"野蛮"。

(4)死读书容易使人骄傲。其实,这些人常常是腹空一切、目空一切。另外,死读书还容易使人庸俗懒惰、胆小冷漠。

(5)死读书容易使人心理压力增大,性格孤僻。这些人眼界不开阔,自私自利,喜欢推卸责任,自立性差,没有自己的观点,不会勇于承认错误。

就学生而言,死读书主要表现为知识无法系统掌握,各个知识点是孤立的,就像孤军作战,无法形成整体的力量去灵活解决问题。再是脱离实际和脑子一根筋,凡事只知其一而不知其二,常常是不撞南墙不回头。

死读书其实就是记住了书本上的内容,感觉自己理解了,但事实上并未理解。为什么会出现这种情况呢?其实是死读书的人忽略了知识的几个重要特征:

第一,知识来源于实践,需要应用于实践;

第二,知识之间是相互联系的,忽略了这一点,就无法融会贯通,更无法应用于日常生活;

第三,知识需要记忆,更需要"领悟"。

第四章　读书的目的

——风声雨声读书声,声声入耳;家事国事天下事,事事关心。

法国作家夏尔·丹齐格在《为什么读书》一书中写道:"阅读就是生活。在功利主义的世界里,阅读维系着超脱,而超脱有利于我们的思考。"

所以说,阅读不需要理由。阅读就是我们生活的一部分,犹如空气、阳光和雨露。

其实,阅读就是阅人,就是阅世,就是用别人的人生来丰富自己的阅历。

作家王开林曾在文章中写道:"**在高处,一个人最容易与历史会合,也最容易与自己会合。**"而品味书韵,就恰如让心站在高处,看远处的风景,整个世界一览无遗。

有人说,阅读是一种高贵的坚持,而坚持的背后则是一种快乐的收获。

也有人说,生命从自己的哭声中开始,又在别人的泪水中结束,这中间的过程便是幸福。我想,**阅读同样是一种幸福。**

许多人都看过这样一个故事,三个人在砌一堵墙,有个路人问:"你们在干什么?"第一个人说:"没看见吗?我在砌墙。"第二个人说:"我在盖一座高楼。"第三个人说:"我在建造一座美丽的城市。"十年后,第一个人还是农民工,第二个人成了工程师,第三个人则变成了市长。

这就是一种既脚踏实地又仰望星空的眼光,而读书给我们的恰恰就是这种眼光。

读书,就是从儿时的好奇心,到生活方式和生活习惯的一种转变。

东汉的刘秀,被毛泽东评为历史上"最有学问、最会用人、最会打仗"的开国皇帝。他年轻时在长安读书,就以好学闻名。在统一国家的过程中,只要一有空闲,就要拿起书卷来读。当上皇帝以后,依旧勤学苦读,经常学到深夜。皇太子心疼父亲,劝他早点休息,但他总是说:"我喜欢这样做,并不感到疲惫呀!"

"日日走,能行万里路;时时学,能读万卷书。"其实,我们也明白,读书的作用十分巨大,既可以伴随我们的一生,又可以影响我们的人生。

读书可以使我们静心养性、滤除浮躁,可以丰富知识、纯洁灵魂,可以让人坚定信念、明辨是非,更可以让人提升才华、享受人生。

我们每个人做事情都会带有一定的目的性,读书也不例外。而读书的目的是什么?我们每个人的回答都是不一样的。

鲁迅先生终生酷爱读书,其方法有三:第一是目的性;第二是灵活性;第三是广泛性。

许多人读书是为了掌握知识,为自己的将来打好基础、做好铺垫。对于这些人来说,"学以致用"才是终极目的,而读书仅仅是一个手段、一个过程。这些目的性十分清晰、头脑又非常清醒的人,读书会有的放矢,目标也非常明确。

香港科技大学丁学良教授曾谈到读书有六种目的:

第一种,出于学习一种知识;

第二种,为了学习一种技能;

第三种,为好奇心而读书;

第四种,出于一种感情的、情感的、情绪的驱动而读书;

第五种,为了寻求某种意义;

第六种,为了生活。

一、读书的一般性目的

关于读书的目的,有两个问题我们应该搞清楚,一是为什么而读书? 二是各个阶段的读书目的有何不同?

陈寅恪先生博览群书,被誉为"盖世奇才""教授的教授",素有"活字典""活辞书"之誉。早在柏林大学读书期间,陈寅恪就被人们称为"读书的种子"。他一生苦读、巧读、用心读,积累了许多行之有效的读书方法。

陈寅恪将书分为三类:**最低限度的读物、进一步学习的读物、深入研究的读物**。他认为第一类是必读书,从中可以得到最低限度的知识。他还说,无论一个人的爱憎好恶如何,《诗经》《尚书》《礼记》乃人人必读之书。因为,它们是我们先民智慧的结晶。

陈寅恪读书,注重经典、原著和最基础的书。因为他认为,这些"原典""老书"具有"原创性"和"基础性"。

陈寅恪还有一个读书习惯,那就是在读书的过程中,随手记录、校勘、批语,喜欢在书上圈圈点点、画画勾勾。

陈寅恪真正是为了读书而读书。哪里有好大学,哪里藏书丰富,他便去哪里拜师、听课、研究。然而,一代学界泰斗,却没有学位文凭,这便是陈寅恪的特立独行之处。"士之读书治学,盖将以脱心志于俗谛之桎梏。"陈寅恪读书的最终目的,就是为了"独立之精神,自由之思想"。

我想,读书的目的可以归纳为以下几类。

1. 为了获得知识和技能而读书

自古以来,读书就是人们获取知识的主要方式,也是古代科举考试、现代应试教育的必由之路。培根说:"书籍是在时代的波涛中航行的思想之船,它小心翼翼地把珍贵的货物送给一代又一代。"

牛顿的万有引力,爱因斯坦的相对论,马克思的《资本论》等等都是伟大的成就。而牛顿、爱因斯坦、马克思这些伟人之所以有这些突出贡献,是因为他们有非凡的知识,而知识又来源于读书。"我之所以比别人看得更远,是因为我站在巨人的肩膀上。"我想,牛顿这句话中的"巨人",指的就是"书"。

有人认为,以获得知识为目的的阅读可分为三大类:

消遣性阅读:事先没有确定的目的,随意地阅读;

功利性阅读:为解决某一问题,有选择地阅读;

机制性阅读:为建立有效的知识结构,系统地阅读。

虽然当下在网络上也可以学到很多知识,但是网络上的知识太碎片化了,不便于整理、吸收和消化。书籍往往是一个主题的浓缩,具有内容的完整性,便于我们系统地进行阅读。

原尻淳一认为,为避免被信息洪水淹没而读书,"为写而读""为产出而投入",正是当代环境的要求。我们要牢牢地掌握阅读技巧,否则一定会淹没在信息洪水之中,被时代大潮远远地抛在后面。

2. 为了提高个人修养而读书

高尔基曾说过:"书是青年人不可分离的生活伴侣、导师、忠告者和好朋友。"雨果也曾说过:"书籍是造就灵魂的工具。"阅读一本好书,就像和一位知识渊博的友人在谈话。因为,作者的语言闪烁着智慧的光芒,传达着高尚的修养,可以使我们保持心静如水、人淡如菊的心境。

当心情郁闷、悲观失望之时,可以看看那些使人在笑声中受到启迪的漫画书和童话书,我们既会为"灰姑娘"的美好结局而欣喜不已,也会为"丑小鸭"变成美丽的天鹅而兴奋不已。

另外,我们也可以看看科幻书,走进科学的梦幻世界,引发美好的遐想,不再感受到生活的平淡、人生的艰难、生命的无常,从而使我们心旷神怡、信心倍增。

我们读歌德的《少年维特之烦恼》,就可以读出青少年那纯真的青涩之恋;

我们读泰戈尔的《飞鸟集》,就可以读出人类的博爱和仁慈;

我们读巴金的《随想录》,虽然沉重而忧伤,但可以激励我们在惆怅中奋进。

我们读《庄子》,就可以读出自在豁达、不喜不悲、心境平和、从容自得、生死达观、超拔洒脱;

我们读《论语》,就可以读出喜怒哀乐的孔老夫子,读出与家人朋友的相处之道,还能够读出中国人的人格特征。

能快速提高修养素养的读书方法有很多,包括以下五个方面:

(1)循序渐进,从易到难;

(2)做好读书笔记;

(3)选择有思想和内涵的书;

(4)多读中国古代的经典名著和西方的现代作品;

(5)长期坚持,让读书变成终身习惯。

读书,可以很好地提高一个人的涵养,让人变得非常有气质。不过,这种改变不是一蹴而就的,需要持久的坚守之后,才会慢慢凸显出来。

读书,还可以让我们了解别人的悲欢离合,了解人间的世态冷暖,可以让我们早日认识社会、认清现实,从而构建正确的人生观和价值观。

3. 为了开阔视野、提升智慧而读书

人生活的范围有限,常常受制于很狭小的空间与时间之中,我们只能与身边的人交谈交流。所以,我们的认识一定是肤浅的,学识也一定是浅陋的。但当我们打开一本书,时间和空间便再也不能限制我们。此时此刻,我们可以坐在家中游览世界各地,品味古今中外。

在书中,我们可以体会古战场上"马作的卢飞快,弓如霹雳弦惊"的宏大;可以体会大草原上"天苍苍,野茫茫,风吹草低见牛羊"的生机;可以体会黄昏下"枯藤老树昏鸦,小桥流水人家"的忧愁;可以体会"却看妻子愁何在,漫卷诗书喜欲狂"的快乐。

奥匈帝国小说家弗兰兹·卡夫卡曾言:"书籍应是凿开人们

心中冰封海洋的一把斧子。"这句话道出了阅读对于涤荡人心的重要作用。

有人说,生活犹如一本书。我说,书也是生活。真正读书之人,读书与生活密不可分。把好书读成一种生活,把生活读成一本好书,方能在书中发现真我与自我,才能发现生活的韵致与感念。

希腊神话里有一个西西弗斯的神话故事。

西西弗斯触犯了众神,诸神为了惩罚西西弗斯,便要求他把一块巨石推上山顶。由于那巨石太重了,每每未上山顶就又滚下山去,前功尽弃。于是,他只好不断重复、永无止境地做这件事。

很多时候,我们都是西西弗斯,一生都在重复着这毫无意义的苦役,备受身心的折磨。

真正的现实生活,就是西西弗斯推石头。

生活很艰难,但依然得继续前行。那么,我们应该怎样去理解生活的这种煎熬呢?

我想,我们需要从书中找到属于自己的生存信仰。从这个角度来说,从不阅读,也是一种罪过。

因为,不阅读,便无以了解,更无以直面生活的真相,还会被生活的表象所苦所累。

因为,不阅读,就听不见心声。

因为,只有阅读,我们的身心和灵魂才会稳健、笃定、内在、自我,才能懂得在修炼中提升情操,更能懂得在孤独中去等待真正属于自己的美好。

有人说,你读什么书,你就是什么人;也有人说,你是什么人,你就读什么书。

我想,只有读了书,你才会知道书与人生的真谛。

书中的知识可谓包罗万象,它能拓宽我们的视野,让我们的知识更全面。打开一本书,时间、空间就可以开放了,也就能够穿越了,我们即便足不出户,也可以体验西班牙的浪漫与热情,领略非洲的文化和风情。

宋代三苏(苏洵、苏轼、苏辙)擅写政论性文章,纵横捭阖、机锋雄辩,正是基于他们长年潜心读书、精通诸子百家。

王安石"自百家诸子之书,至于《六经》《素问》《本草》诸小说,无所不读,农夫女工,无所不问",所以他的文章才能传诸后世。

中国近代维新派、新法家代表人物梁启超11岁考中秀才,16岁已饱读经、史、子、集。后又师从康有为,博览中外名著,成为维新志士,舆论界的"骄子"。他一生的著述在1400万字以上,"平昔眼中无书、手中无笔之日亦绝少"。

一本非常好的书,往往是作者人生的总结、思想的结晶、心灵的火花、智慧的容涵,是作者一辈子的心血。通过深阅读,通过与良师益友、前辈导师对话,我们可以借鉴他们的人生经验和生命智慧,使我们的灵魂升华。

读书开阔视野,让我们站得更高;励志成就人生,让生命更精彩。

我想,通过读书,我们就能更准确地知道:美丽的星空是广阔无边的;人类的进化是漫长复杂的;大自然是神奇美丽的;知识的海洋更是无穷无尽的。

4. 为了明白事理而读书

现实社会中,并不是每个读书的人都腰缠万贯,但读书可以使我们明白事理。因为,学习的目的就是为了让人懂得更多。

明理,是先要明白做人的道理。要明白,读书的最终目的是为了"做人",而不仅仅是为了"生活"。

曾国藩曾经说过:"凡人多望子孙为大官,余不愿为大官,但愿为读书明理之君子。"他认为,功名富贵只是人生的物质表象,"读书明理"才是人生的生命追求和灵魂核心。

韩愈也曾经说过:"人非生而知之者,孰能无惑。"读书可以让我们了解成功人士的生命感悟和处事方式。当我们的人生处于困惑之时,就有了一个参照物,就能帮助我们更加准确地理解和更加深刻地认识事物的道理。

一本好书就是我们人生道路上的指航灯。当我们处在人生的十字路口而无法判断之时,有关教育人们如何做人方面的书籍会使我们毫不犹豫地作出理智的选择,不为蝇头小利而动,不为艰难险阻所困,扎扎实实地走好人生的每一步。

《礼记·学记》中说:"玉不琢,不成器;人不学,不知道。"我曾经在一本书上看到过这样一段话:"读书能医愚,读书能治穷,读书能疗病,读书能励志,读书能致远,读书能练达,读书能聪慧。读书能知道怎样交友,怎样识人,怎样说话,怎样做事,怎样活着才身心健康。读书还能让我们明白,什么样的人生才称得上完美无憾。"

读书是为明理，而不是为谋生。读书可以化愚顽、启聪慧、消暴戾、致祥和，可以明理、悟道、修身、养心。人的一生，应该是"阅读"的一生，也是"感悟"的一生。走一程，读一程，悟一程，思而悟，悟而行。如果我们能做到"知行合一"，那么"行必高远"一定不会遥不可及。

5. 读书可以增强我们的爱国意识

读书可以让我们在知识的海洋里尽情遨游，感受到华夏文明的深厚底蕴，更能增强我们的爱国意识和家国情怀。

中华民族有着悠久的历史和灿烂的文化。四大发明、万里长城、兵马俑、郑和下西洋、丝绸之路、敦煌石窟、浑天仪，无不让我们骄傲和自豪。

然而，火烧圆明园、南京大屠杀、甲午战争和鸦片战争的国耻历史，更让我们知道了贫穷落后的结果。从而激励我们更加奋发图强，把祖国建设得更加繁荣富强，使历史的悲剧不再重演，让人民过上幸福安康的日子。

6. 读书的目的就是不糊涂、不焦虑

禅语说，终日吃饭，未曾咬着一粒米；终日着衣，未曾挂着一缕丝。我想，当下的很多人已经是"终日读书，未曾看懂一个字；终日奔波，未曾见过一本书"。

躁动不安的人们要知道，书籍可以教会我们诚实，生活可以教会我们静心。

阅读是一件快乐有趣的事情，更是生活的一部分。

阅读并非只是简单地识字。我想，要成为一个成功的阅读者，就必须在阅读时学着去思考。

所以说,阅读,就是让我们学会独立思考、宁静致远。

二、不同阶段的读书目的

英国作家奥斯卡·王尔德说:"只有两种人最具有吸引力,一种是无所不知的人,一种是一无所知的人。"

在人的一生中,各个阶段的读书目的是不一样的。

1. 儿童时期读书的目的

"少小多才学,平生志气高。

别人怀宝剑,我有笔如刀。

朝为田舍郎,暮登天子堂。

将相本无种,男儿当自强。"

小时候,除了和小伙伴玩,大多数时间都在看书,包括小人书、连环画、课外书、漫画等书籍。这时候读书是为了有趣,为了培养兴趣。当然,为了学好本领,服务民众,报效国家,则是更为崇高的读书目的。

这一时期读书的主要目的是增加词汇量、提高写作能力、丰富文化知识、增长社会见识、培养兴趣和专注、丰富课外生活等。其实,最重要的目的,是让他成为一个学会独立思考、学会学习的人。

熟读《三字经》,便可"知天下事,通圣人礼"。知晓《百家姓》,便可"懂华夏传承,解血脉根源"。特别是《千字文》,将识字、书法、知识和思想道德融为一体,合辙押韵,通俗易懂。

《千字文》为南北朝才子周兴嗣编纂,是由一千个汉字组成的韵文。据说,梁武帝为教授众皇子读书写字,特命人从王羲之书法作品中选取一千个不重复的汉字。后又召来才情横溢的周兴嗣,对其道:"卿有才思,为我韵之。"周兴嗣果然不负圣意,逐字揣摩,只用一个晚上就将这千字编纂成文。全文为四字一句、四句一组,对仗工整而条理清晰,犹如白话而文采斐然,是我国影响最大的儿童启蒙读物之一。

我始终认为,读书是兴趣,为兴趣而读书方可持续,否则终不能久。读书,要成为自己生命中的一种习惯,习惯方能成为自然。

有些人,爱读书是天生的;而有些人,爱读书是后天培养的。

有人认为,让孩子读书的最终目的,是让他们不以"读书人"自居。有些家长认为,儿童阅读的主要目的就是识字。如果是这样的认识,就会导致孩子不爱读书。

英国心理学家乌塔·弗里思提出了一种阅读习得的经典模型。这一模型把儿童的阅读划分成5~6岁的"图示的"阅读阶段、语音阶段、字形阶段这三个学习阶段。

明确读书的具体目的,往往直接关系到读书的成效,以及读书习惯的养成。苏联著名教育家苏霍姆林斯基经常告诫他的学生:"你的周围有一个浩瀚的书海,要非常严格慎重地选择阅读的书籍和杂志。求知旺盛的人总是想博览一切,然而这是做不到的。要善于限制阅读范围,从中排除那些可能会破坏学习制度的书刊。"

2. 学生时代的读书目的

中考、高考的压力,使我们的读书目的变得非常单一和功利。

读书、背书、考试,然后又很快忘记书里的内容。如此反复,疲于奔命,全家总动员,身心受损。这时候读书就是为了考试,为了升学,也可以说是为了将来的发展。

学生时代的读书,除了平常学习的课本,以及老师要求读的课外书,那些课余期间读的书,其实都是自己的兴趣使然。

会读书会做事,这才是读书的真正目的。

我常常听到家长这样劝诫孩子:"你现在只需要好好学习,其他什么事情都不用管。"语气中带着长辈的那份殷切希望,期盼自己的孩子能够"鲤鱼跃龙门",一飞冲天,期盼自己的孩子能够在高考这座独木桥上快速奔跑。在这些家长的眼里,仿佛只要孩子学习好了,其他的事都将不再是事了;仿佛只要成绩好了,就拥有了整个世界;仿佛只要功课好了,未来就会一帆风顺了。

这就是中国式家长的基本特征。他们最关注孩子的学习,很少与孩子进行交流,在精神方面,家长是孩子最熟悉的陌生人;他们常常包办孩子的大小琐事,把自己没有实现的理想强加在孩子身上,却忘了孩子有获得独立人格的权利。

在教育孩子上,他们过分注重学习成绩,缺乏教育目标的远景性和阶段性,忽视孩子的个性发展,忽视非智力因素的培养,存在很强的"望子成龙、望女成凤"思想,这种思想是孩子顺利健康成长的绊脚石。

所以,当我们长大之时,才猛然发现,我们的爸爸妈妈错了。因为,学习好的人并不一定会出人头地,"高分低能"的例子比比皆是,"高分"并不等于"优秀"。

叶圣陶先生曾说:"分数并不代表知识,更不是衡量孩子学习好坏的唯一标准。"我也一直认为,对于未来的学生来说,情商一定比智商更重要,用心一定比用功更重要。

如果一个人只会读书,不会做事,就是一个书呆子。

叶圣陶曾经说过:"读书忌死读,死读钻牛角。"死读书、读死书的人,其结果一定是"读书死"。因为,这些人既不会把书读活,考出好成绩,也不会把事情做好,做完美。

有这样一个例子值得我们深思。战国时赵国名将赵奢之子赵括,年轻时学兵法,谈起兵事来父亲也难不倒他。后来,他接替廉颇为赵将,在长平之战中,只知道根据兵书办,不知道变通,结果被秦军大败。

要知道,一个人的成长不仅仅需要知识,还需要我们的自理能力、交际能力、协调资源的能力、独立思考的能力等等。如果我们太看重孩子的成绩,而忽视了他们的个性需要和精神需求,很容易导致悲剧的发生。

好读书,读好书,读书好;活读书,读活书,读书活。做人要乐于读书,更要会读书。只有读好书、读活书,才能开阔自己的视野,才能使自己有丰富的知识和敏捷的思维。

"耳闻之不如目见之,目见之不如足践之。"这句话的意思是,耳朵听到不如眼睛看到,眼睛看到不如身临其境。读书不仅要读纸质的有字之书,还要读社会实践的无字之书。要读、要思、要悟,我们更要联系实际、脚踏实地。只有既会读,又会写,又会干,才是真正的读书之目的。

3. 成年人的读书目的

《为什么读书》一书的作者夏尔·丹齐格,把书比作"一棵钻出坟墓的大树"。他说过这样一段很有意思的话:"在功利主义的世界里,阅读维系着超脱,而超脱有利于我们的思考。**读书毫**

无用处。正因为这个,读书才是一件大事。我们在阅读一本书,因为它毫无用处。"

海之所以大,是因为能纳百川;人之所以大,是因为能识万物。

对于成年人来说,我认为读书不该成为一种任务和负担,更不该认为读书就是为了某种目的。读书,大多时候要信马由缰、自由自在,要抛开实用化、功利性。如果读书只为实用,一个人的眼界、视野必定会越来越窄,他的思想境界也很难获得提升。

成年人学习的目的,应该是追求更好的思维模式和心智模式,应该是向内求取力量,向外求取改变,而不是更多的知识积累。

目前,碎片化的思维和碎片化的信息,必将导致碎片化的知识和低效能的阅读效果。有时候,我们以为自己在主动思考和学习,其实,我们只是在被动接受别人的思考和结论而已。

成年人读书,是想通过阅读,达到"学而优则仕"的状态,掌握一门技能,去努力完成本职工作,改变自己的工作环境。

这一时期的读书的目的,也许谈不上多么的高尚,却都是很现实、很实际的。

与青少年读书以获取知识、"完成学业"为目的不太一样的是,成年人读书是为了丰富自己,为了更好地就业、体面地生活。这一阶段的阅读,主要是学习为人处世的方式,从而获得他人和社会的尊重,也学会去尊重别人。

"身体和灵魂必须有一个在路上",说的就是读书和旅行,这对于成年人来说尤为重要。

人到中年,由于职场的辛苦、家庭的重负和社会的压力,读书已不再带有太多的功利,此时更加希望的是一种读书的陪伴。因此,读书成了一种很重要的人生洗礼和精神享受。

奥斯卡·王尔德说:"我们生活在阴沟里,但依然有人仰望星空。"

现在,应该这样说,我们有许多人在为焦虑而读书。因为,这些人感知到自己更频繁的失眠、更易燃易怒的情绪、更晦涩难懂的心思。而且在知识大爆炸的时代,现有的知识以每年10%的速度更新换代。所以,我们的焦虑越来越严重,我们的恐惧越来越大。

这些"知识焦虑"的人,强烈渴望读书,却又不会读书,不会从泛滥的信息中找到可以解决自己问题的知识。所以,他们希望买一把钥匙去打开自己的锁,买一把砍刀去斩断万千烦恼丝。

因为,这些人知道,读书可以慰藉人们的心灵,洗涤那颗早已塞满世俗、布满尘埃的心,让身心和灵魂回归到自己的家园。

阅读的境界就是"回家",阅读的最高境界就是"回到心灵的家园"。

杨绛先生说过:"有些人之所以会不断地成长,就绝对是有一种坚持下去的力量。好读书,肯下功夫……"

"读书,就是让自己成为一个不太苟且的人。什么叫诗和远方? 就是让自己更辽阔。而读书,就是让自己变得辽阔的一个过程。"

应该这样说,读书的主要目的,首先,是为了更好地生存,并把生存和挣扎活成一种生活;其次,是为了了解这个世界正在发生什么事。

无论是到书店选书,还是在网上购书,只要我们能坚持阅读的习惯,在这日复一日、平凡琐碎的生活里,总能"偷得浮生半日闲",在与书相伴、与作者对话的时光里,总能寻得片刻的心灵安宁与恬淡。

原尻淳一把百余册有关读书的书通读了一遍,并把经过验证有效的内容,写成了《高效能阅读》这本书。他没有一丝疲劳和厌烦,坚持看完百余本同类图书,是因为他读书的终极目的在于著书立说,是为了"输出"。

4. 老年人的读书目的

退休以后得闲无事,如何打发日子,以达到夕阳西下无限好的境界,这是每一个退休老人所面临的问题。

我认为,等到了老年期,如果目力和精力尚可,还是应该坚持读书。

在我的单位里,有一个被国家命名的"永不退休医生",人们都亲切地叫他"裘大夫"。今年96岁高龄的他,还在坚持看书做笔记,80岁以后还主编出版了两本书。这种精神、这份坚持,让我深为感动,也一直在鞭策我要"不忘初心、砥砺前行"。

老年人读书的目的,就是要证明自己一辈子是个读书人。因为,此时的读书与写作,对于老年人来说,就是一种使命责任和生存姿态,不再具有明显的功利性和目的性。正所谓"海纳百川,有容乃大;壁立千仞,无欲则刚"。

我想,读老年大学也是一种活法,也可以成为简慢生活和休闲养生的一部分。

读好书,对老年人的身心是有益的。研究表明,读书可以保养老年人的脑细胞,使大脑不会过早地衰老。

读书可以使老年人益智增慧,摆脱烦恼,化解心结;老年人也可以从书中受到教诲、感悟和启迪，从而逐步摒弃杂念、弃恶扬善，唤起乐观向上、豁达开朗、严于律己、宽以待人、心平气和的处世作风和修养；老年人闲来读书，方可静中自悟，方可心无旁骛，不为外物所动，保持一种淡泊宁静、与世无争的良好心境。

这个时候，建议老年人读一些有关生死观方面的书。因为，老年人常常会因为这个沉重的话题而感到格外的忧虑、担心。我想，关于衰老与死亡，读书是最好的告别。

老年人读书学习对身心有益，但要注意时间安排，做到动静结合、劳逸结合。在连续读书一段时间后，应该放下书本，起来做一些身体锻炼活动，使大脑和眼睛得到休息，以缓解疲劳。

有一位专家说过这样一句话："很多人不是死于疾病，而是死于无知。"所以，我建议老年人要看几本医学科普和养生方面的书。其实，不仅仅是老年人，中年人也应该如此。因为，我国古代民间就有"人到四十需识《本草》"之说。另外，现在的人往往事业心很强，把全部的精力都用在了工作上，把工作与生活画上了等号，却忽视了对自己身体的关爱。

三、读书的终极目的

有人问爱因斯坦："声音在空气中的传播速度是多少？"爱因斯坦的回答很干脆："我永远不会去记我在任何一本手册中都可能读到的东西。"他认为，一个人，应该学会把记忆性的知识交给各种手册、词典和百科全书，而不是把自己变成一本词典。我们应该要去做的是，用头脑来想象和思考更重要的东西。

爱因斯坦曾经说过："想象力比知识更重要，因为知识是有

限的,而想象力可以创造出新
的东西,推动世界进步,并且
还是知识进步的源泉。"

英国有一个叫亚克敦的
读书人,嗜书如命,家里共有
七万多册藏书。他一生夜以
继日、不知疲倦地阅读,直到
66 岁逝世。可是,亚克敦终其一生也没有取得什么成就,后人
称之为"两脚书橱"。这就是所谓的"百无一用是书生"啊!

南朝梁元帝痴迷读书,喜好文学和绘画,是一位才子皇帝。
敌方兵临城下之时,他还要文武诸臣听他讲书,最后终于亡了
国。他在投降前,一把火烧了十四万多卷藏书。有人问他为什
么烧书,他感叹道:"文武之道,今夜尽矣。读万卷书,犹有今日,
故焚之。"读书而无所作为,或是因此而亡国,这当然不是书之
过,只是这个读书人的脑子出了问题。

西汉刘向说:"少而好学,如日出之阳;壮而好学,如日中之
光;老而好学,如秉烛之明。"他还说:"书犹药也,善读之可以医
愚。"

书籍犹如砥砺,可以磨掉愚昧之锈;知识犹如泥土,可以养
育智慧之花。

爱迪生就是一个典型例子。他只读了三年书,12 岁当了报
童,每天除卖报外,剩余时间便一头扎进图书馆读书,被后人称
为图书馆培养出来的"发明大王"。

读书的终极目的是为了实践。因此,培根一直反对死读书,
读死书。他曾经说过:"读书太慢会弛惰,为装潢而读书是欺人,

只按照书本办事是呆子。"

书呆子一定很迂腐,只知道照着书本上的条条框框来办事,不知道怎么去变通,而聪明的人则会灵活运用书本上的知识。

培根还说过:"狡诈者轻鄙学问,愚鲁者羡慕学问,聪明者则运用学问。知识本身并没有告诉人怎样运用它,运用的智慧在于书本之外。这是技艺,不体验就学不到。"

读书不仅仅要去背记知识,更重要的是,要将书本的智慧应用于实践,并用实践的经验来进一步完善书本的知识。

有一天,苏轼去看望宰相王安石,恰好王安石出去了。苏轼在王安石的书桌上看到了一首咏菊诗的草稿,才写了开头两句:西风昨夜过园林,吹落黄花满地金。

苏轼心想:"西风"就是秋风,"黄花"就是菊花。菊花最能耐寒、耐久,敢与秋霜鏖战,哪怕枯萎了,也不会被秋风吹落,说西风"吹落黄花满地金"是大错特错了。这个平素恃才傲物、目中无人的翰林学士,也不管王安石是他的前辈和上级,提起笔来,续诗两句:秋花不比春花落,说与诗人仔细吟。

王安石回来以后,看了这两句诗,心里很不舒服。后来苏轼因为"乌台诗案"被贬为黄州团练副使,在黄州住了将近一年。到了九月重阳,这一天大风刚停,他就邀请好友陈季常到后园赏菊。只见菊花纷纷落瓣,满地铺金,而枝头无一朵枯花。这时他想起给王安石续诗的往事,才知道原来是自己错了,顿觉十分汗颜。

读书不得法或没有技巧,往往就会适得其反。因为,读书不仅仅要用眼睛去看,还要用头脑去思考,更要有眼光把书中的道理看出来。

"壮士腰间三尺剑,男儿腹中五车书。"宋朝著名的理学家、思想家、哲学家朱熹说:"读书之乐何处寻,数点梅花天地心。"

"人是活的,书是死的。活人读死书,可以把书读活。死书读活人,可以把人读死。"现代文学家郭沫若一直要求我们"读活书,活读书,读书活"。

伏尔泰说:"书读得多而不加思索,你就会觉得你知道得很多;但当你读书而思考得多的时候,你就会清楚地看到你知道得很少。"英国作家波尔克说得更直白:读书而不思考,等于吃饭而不消化。读书不思考,对于蜜蜂来说,就等于采花不酿蜜。我想,只有"采得百花成蜜后",才会最终知道"为谁辛苦为谁甜"?

歌德说:"经验丰富的人读书用两只眼睛,一只眼睛看到纸面上的话,另一眼睛看到纸的背面。"这个"背面"就是背后的深刻寓意,就是透过现象看本质,就是一种深层次的思考。

杨绛先生说过这样一段关于读书与人生的话:"年轻的时候以为不读书不足以了解人生,直到后来才发现,如果不了解人生,是读不懂书的。读书的意义大概就是用生活所感去读书,用读书所得去生活吧。"

其实,我们每个人都是一本书。父母是我们的出版社,生日是我们的出版时间,而身份证则是我们的书号。

人生这本未完成的书,封面是父母给的,内容是自己写的,厚度是自己定的,而书的精彩程度,则可以自己创造。

所以,世界上的书千千万万,每本书都有它迷人的地方,每本书都有属于它自己的味道。

人生如书,书如人生。两者所不同的只是:书的结局早已经写好了,而人生的结局却等着我们去创造。

如果读书与成瘾、沉迷，与不懂事、不明理，与消遣、功利结合在一起，就会使读书变味，会使我们迷失本性。而那些所谓的书迷、书痴、书呆子、书虫，只能在狭窄封闭、与世隔绝的空间里，寻求那一点点虚无缥缈的慰藉。其实，这绝对不是书的错，而是读书人的思维和心智出了问题。

"尽信书，则不如无书"是孟子说过的一句话。这里说的书，虽然指的是《书经》，但仍有着普遍的指导意义。

我想，学会独立思考才是读书的最终目的。书上的很多话，我们不能当教条看，不能生搬硬套，而要结合生活中的实际情况，活学活用，举一反三。

在明代，有一个医生给病人诊完脉后，随手开了一个药方，其中有药引子"锡"。一个叫戴元礼的医生见了这个处方，感到疑惑，就问那个医生开处方的依据是什么。那个医生拿出一部医书，理直气壮地说："你拿去自己看吧。"戴元礼拿过书来一看，书上确实是这样写的。但是，为了弄清楚这个问题，戴元礼还是翻阅了大量的医书。结果发现在另一版本上写的药引子是"饧"。那时，"饧"是糖的古体字。戴元礼终于弄清了这是翻版重印时的错误。由于戴元礼的质疑，避免了一次"医疗事故"。

学起于思，思源于疑。所以说，疑问是人生的老师。

培根说过："如果一个人从肯定开始，必以疑问告终；如果他准备从疑问着手，则会以肯定结束。"

中世纪法国哲学家皮埃尔·阿伯拉尔也说过："由于怀疑，我们就验证；由于验证，我们就获得真理。"

"血液循环论"就是通过质疑而产生的学说。最初，古希腊的大学者亚里士多德认为：人的动脉血管里充满着空气。而古罗马医生盖伦对这种观点产生了怀疑，他做了大量实验，证明了血管里流的不是空气而是血。因此，他创建了"心潮血流说"。后来，英国的威廉·哈维，在对前人质疑的基础上，经过反复研究，终于发现了血液循环的规律。

我想，我们读书也不仅仅是为了"读点书"，而是为了行动。

应该这样说，**阅读不是最终的目的，只是一种工具而已。**

读完一本书，并不是终点，"学而致用"才是阅读的必经之路。阅读之后要学会与人分享，将阅读的效用发挥到极致，学会将阅读的知识运用到实践和生活之中，阅读才算是真正有用。

《实用性阅读指南》的作者大岩俊之通过学习和研究，掌握了提高读书效率的方法和路径。他建议我们要选择适合自己的书，而在选书时不要被他人的意见和专家的书评所左右。"**去实体书店实际接触书，是发现一本好书最有效的方法。**"

另外，他还发现，根据"二八定律"，"一本书的重要内容只占整本书的 20％，这 20％中最重要的仅有 4％"，因此还要紧扣自己的读书目的，找出这 20％的重要内容和 4％的核心要点去集中阅读。

大岩俊之认为："在书店里浏览，或是在上下班的地铁里阅读，有时反而会帮助人们加深对书的记忆。"他建议我们要以输出倒逼输入，输入知识时必须把书读"薄"，而在输出时必须把书读"厚"。

我们看的是书，读的却是世界。

在书的海洋里徜徉，我们能品味人生的酸甜苦辣、喜怒哀乐；在书的海洋里遨游，我们能在梦想中幻化彩蝶、独自飞舞。

所以，我们要树立"以书为友"的思想，将朴素的"读书是一种需要"上升为"读书是一种责任""读书是一种乐趣""读书是一种有益的生活方式",努力提高与时俱进的学习能力与创新能力,努力提高个人的素质,拓展自己的知识,使胸襟变得更宽广。

第五章　阅读力

——读书如吃饭，善吃饭者长精神，不善吃者生疾病。

人，早已不是生物学意义上的人：两腿直立行走的动物。而现代人的定义是，一种追求精神并从精神上获得愉悦的动物。这种动物是需要"修炼"的，而修炼的重要方式和渠道，便是大量地阅读。

知识就是力量，阅读是获取力量的根本途径。

知识在书（有字书＋无字书）中，而阅读就是从这两本书中获取知识。

一个人知识的多少与阅读的多少直接相关。我想，一个**拥有过去、现在和未来的人，就是真正的读书人。**

那么，我们应该如何去读书呢？林语堂先生告诫我们，读书须有胆识、有眼光、有毅力。

在这个世界上，犹太人最信奉阅读的力量。孩子一生下来，父母亲便会把蜂蜜涂在书本上，让孩子舔一下，以此告诉孩子：书本是甜的，取意为**"读书有蜜"**。

当然，还有许多国家也极度崇尚阅读的价值。英国人会给刚出生的婴儿送一个"阅读包",包括几本儿童图书和阅读证。新加坡人的做法是,医院护士必须告诉产妇一个重要事项:"读书给婴儿听。"

以色列有图书馆 1000 所,平均每 4500 人就有一所图书馆,仅 450 万人口的以色列就有 100 万人办有借书证。在人均拥有图书、出版社及读书量上,以色列居世界第一。以色列人年均读书 64 本,14 岁以上的人平均每月读一本书。

匈牙利也是世界上读书风气最浓的国家之一。这个国家常年读书的人数达 500 万,占人口的 25% 以上,每年人均购书 20 本。它的国土面积和人口都不足中国的百分之一,却拥有近 2 万所图书馆,平均每 500 人就有一所图书馆,而我国平均每 45.9 万人才拥有一所图书馆。一个区区小国,因爱读书而获得智慧和力量,靠着智慧和力量,将自己变成了让人不得不服的"大国"。

德国可以称得上是一个热爱阅读的民族。调查数据显示,有近 33% 的德国人认为自己读得"很多"(18 本/年以上),25% 的人藏书 200~500 本,14% 的德国家庭甚至有自己的"小图书馆"。

冰岛人把书本看作是自己的心爱之物,并以喜欢读书而享有盛名。2011 年 12 月,只有 24 万人口的冰岛,售书达到 40 万册,平均每人在这一个月里买了两本书,创造了世界纪录。

对日本读书情况的一次调查显示,日本人读书成风。一个月里读了十多本书的人有 3%,读三本的为 11%,读两本的占 16%,有 64% 的人想在日常生活中多读一些书。

在法国,许多人都有读书的好习惯。在人流较多的公交车候车亭或书报亭旁,大都有一两个报刊架,上面放满了最新的免费报刊,行人随手可取。有篇文章介绍说:"在地铁里、公园内、高速火车或飞机上,人们都可以看到法国人专心致志地读书、看报的身影。在咖啡馆或酒馆,有人以一杯咖啡或一瓶啤酒,就能'煲'好几个小时的'书粥'。读书成了大多数法国人生活中不可或缺的内容。"

遗憾的是,中国人读书年均不足 5 本。有人还戏称,如今写书的人比读书的人还要多。为了不读书,我们总能找出千万种理由。我仔细一想,国人不爱读书除"工作忙,没时间读书"这个借口之外,还有以下七个方面的原因:一是国民文化素质偏低;二是从小没有养成阅读的良好习惯;三是"应试教育"使孩子们没有时间和精力去读课外书;四是现在的好书越来越少了,内容不吸引读者,而且书价太高;五是网络文化对现代书籍的冲击;六是新的读书无用论充斥着整个社会;七是缺少良好的阅读环境。

我国每年出版四五十万种图书,连续多年成为世界第一出版大国,但不是第一出版强国。与此同时,出版的好书少和社会阅读量的低下,使得我国成为名副其实的"第一库存大国"。在这些库存中,有大量是无法盘活的"废纸"。跟风出版、拼贴炮制,是其"不忍卒读"的重要原因。

那么,让我们再来看看读书给犹太人带来的丰厚回报吧。犹太人是世界上唯一一个没有文盲的民族,就连犹太人的乞丐也是离不开书的;全世界的富有者中,40％是犹太人。获得诺贝尔奖最多的也是犹太人,其中有 20％的化学奖、25％的物理学奖、27％的生理学或医学奖、41％的经济学奖、12％的文学奖,同时还拿到了 30％以上的普利策奖、30％以上的奥斯卡奖。而犹太人在世界上的人口只占 0.3％。

我们平时在乘坐飞机时,会发现一个很有趣的现象。坐头等舱的人,几乎人手一本书,静心阅读;坐公务舱的人,大多带电脑办公,行色匆匆;而坐经济舱的人,一直在玩游戏、刷朋友圈、睡觉或看电视。

在国内,我们经常听到老师叮嘱学生的一句话就是:"回去尽快把作业做好。"而家长督促孩子的一句话也是:"作业做好了吗?"从来没有人问:"今天看了什么书?"

另外,我们去公共场所转一圈,就会发现人们不是在玩手机,就是在打麻将、看电视,几乎没有一个人是在读书的。这是一种可悲的现象,也是一个很可怕的状态。

当下的年轻人以自我为中心,只关心自己半径三米之内的事情;虽然人们在网络上与人无话不谈,但在现实生活中,却不懂得面对面与别人敞开心扉;没有高尚的追求、学习能力低下但却丝毫不以为意;懒于思考,不会坚持,遇到困难就立即放弃;人云亦云,做什么事总愿意随大流,大力推崇佛系的生活方式。

遥想当年,马克思曾慨叹,法兰西不缺少有智慧的人,但缺少有骨气的人。我想,今天的中国,同样不缺少有智慧的人,但缺少有信仰的人,缺少静下心来认真阅读的人。

阅读既是文明的载体,也是一种享受、一种财富,让人终身受益。我们要实现中华民族的伟大复兴,传承和光大历史文明是必不可少的一部分,而阅读书籍无疑是传承文明最好的途径。

所以说,阅读力,就其本身而言,代表的是一个国家最根本的优势。

日本管理大师大前研一的著作《低智商社会》意外地触动了中国人的敏感神经。他在书中说：在中国旅行时发现，城市遍街都是按摩店，而书店却寥寥无几。中国人均每天读书不足15分钟，人均阅读量只有日本的几十分之一。所以他得出结论，中国是典型的"低智商国家"，未来毫无希望成为发达国家！

无独有偶，日本"80后"的青年作家加藤嘉一用汉语也写了一本《中国的逻辑》。他在书中提到的中国人的读书情况令人深省。他说，中国的知识非常廉价，中国人根本不把读书当回事，一本书的价格还不如一杯星巴克的咖啡。中国的物价、房价都在涨，就是书价不涨。他认为，只要中国人不爱书，无论经济怎么发展都是可以小瞧的。

面对现状，面对事实，这种精神上的"病弱"必须引起全社会的高度重视。我们不可一味抱怨，即使在一个怀疑的时代，我们依然要保持自省和从容，我们依然要坚守信仰和神圣。因为，无论中国怎样，请一定要记住：你所站立的地方，就是你的中国；你怎么样，中国便怎么样；你是什么，中国便是什么；你有光明，中国便不再黑暗。

值得庆幸的是，我们已经在转变了。2017年4月"全民阅读促进委员会"成立，2018年1月1日《中华人民共和国公共图书馆法》正式施行，未来国民的阅读进阶路线图已经越来越清晰了。

阅读，就是要做到"读"有所悟，"悟"有所用，"用"有所得。

我想，全民阅读，就是一次精神上的全民健身活动。

据说，世界读书日4月23日是西班牙文豪、《堂吉诃德》的作者塞万提斯的忌日，也是加泰罗尼亚地区的"圣乔治节"。实际上,同一天也是莎士比亚出生和去世的纪念日,又是美国作家纳博科夫、法国作家莫里斯·德鲁昂、冰岛诺贝尔文学奖得主拉克斯内斯等多位文学家的生日。这样的一个特殊日子,由于官方的大力宣传和介入,却让我们忽视了节日设立的本意:召唤、鼓励人类读书,享受阅读的乐趣和快感,去追寻"读书这么好的事"这个美丽的谜面所包含的谜底。

与其说是知识改变命运,还不如说是学习改变命运,阅读改变命运。

阅读是人生的基本功,是最浪漫的教养,是门槛最低的高贵。无论从人生的意义和生命的价值,还是功利的成功学角度来说,读书都是一条最好的出路。

一、阅读力与学习力

读书人分为两种:一种是读书的人;另一种是会读书的人。

读书的人常常事倍功半,而会读书的人常常事半功倍。

造成这两种不同结果的原因,就是阅读力的差异。所以说,**阅读是一种能力,不是与生俱来的,需要培养、学习和引导。**

著有《阅读力》一书的聂震宁在谈起写作缘由时,说起过一件使他很受刺激的事情。2016 年发布的一项中美大学生阅读状况调查报告,披露了中美两国各自前十位的大学生年度借阅率比较,颇为引人关注,也能让国人好好思考一番。

美方借阅率排在前四位的是柏拉图的《理想国》、托马斯·霍布斯的《利维坦》、尼克罗·马基雅维利的《君主论》和塞缪尔·亨廷顿的《文明的冲突》;中方借阅率排在前列的是《平凡的世界》

《三体》《盗墓笔记》《天龙八部》，还有一部则是《明朝那些事儿》。

由此可见，中国的大学生们较少阅读有想象力、有国际视野的书籍，较少阅读综合类或有普遍意义的自然科学和社会科学相关书籍。中国学生偏爱故事类书籍，古典类的比例不大。而美国学生更喜欢哲学类书籍，基本不受当代互联网的影响。

其实，中国大学生的阅读类别之所以多以小说为主，这是有客观原因的。

纯娱乐类小说是阅读的起点，所以，在中国的婴幼儿和儿童时期，动画漫画、童话故事的阅读相对充分。但中小学时代为了拼高考，阅读功夫基本上荒废了。到了大学才补回这一课，又开始了儿时的故事小说阅读，而对于经典小说、史哲和思想领域书籍的阅读，也就严重不足了。

要知道，阅读是一件慢功夫，不是一件功利性的事情，而阅读力的培养也不可能是一蹴而就的。

要知道，兴趣是打开学生学习大门的钥匙，而钥匙就挂在我们只要仔细观察就可以拿到的地方。

良好的阅读力是指能很好完成对书籍的阅读所应该具备的本领，包括对于书籍感知、理解、鉴赏的具体阅读活动，以及顺利完成阅读所必需的正常动机、兴趣、情感、意志和个性。

阅读力是有效学习与适应生活的关键能力。另外，阅读力的构建也是一个复杂的循环历程。

应该这样说，我们大多数人都有一定的读书能力，但是，阅读力与智商无关。因为，**书籍不是用智商来阅读的，而是用知识和情商来阅读的**。

阅读力是学习力的一种，而学习力比学历更为重要。

学习力包括学习动力、学习毅力和学习能力三个要素,其本质是一种竞争力、战斗力和创新力。而个人的学习力,不仅包含知识总量,即个人学习内容的宽广程度和开放程度,也包含知识质量、学习流量和知识增量。

田必力耕,书必勤读。读书勤乃有,不勤腹中虚。读书不仅需要长途跋涉和艰苦探索,更需要一个"勤"字。

"天道酬勤"这句古话绝对没有错,也是我的座右铭。但随着阅历和认知的增加,现在我认为,比勤奋更重要的还有学习力。

美国未来学家阿尔文·托夫斯曾经预言,未来的文盲不是不识字的人,而是没有学会学习的人。

学习力是一种关于未来的信念。在复杂而不确定的未来世界,唯一不变的是变。应该这样说,变革是一种常态,而学习力正是改变这种常态的基础。

阅读力是学习力的基石。如果没有阅读力,学习力就失去了基础,将会变成一个"空中楼阁"、一个"海市蜃楼"。

所以说,阅读力是一种精神力,是一种心力,也是一种核心竞争力。因为,我们知道,"看过很多书"并不等于"有阅读力"。

二、阅读力的定义

关于阅读力,国际上是这样定义的:"理解、运用和反思书面文字的能力,旨在达到个人目的、发展个人知识及潜能,并能参与社会。"由此可见,阅读力被细分为"理解、运用和反思"三个不同层次的能力。

有研究认为,阅读力有八项指标,包括辨识细节、读出主旨、先后排列、辨识因果、预测情节、进行推论、取得结论、批判思考。

有学者认为,儿童阅读力的培养需要涵盖以下五个方面:提取信息能力、推断解释能力、整体感知能力、评价鉴赏能力、联结运用能力。

一是要培养儿童从书中提取有关信息的能力:能从书中提取出直接陈述和隐含的信息;能从书中提取多个信息,并加以简单概括和比较。

二是要培养儿童对相关问题作出合理推断和解释的能力:推断并解释重要词句的语境意义及作用;推断或预测结果和结论;推断写作的顺序。

三是要培养儿童整体感知内容、主旨、写作对象的能力:整体感知书的主旨和主要内容;整体感知书的阅读对象。

四是要培养儿童对书的价值、主体、结构、表达等方面作出判断、评价和欣赏的能力:感悟启示,体验情境、细节,评价形象,品味语言、结构、表达,批判和反思。

五是要培养儿童合理利用文本信息来解决生活中相关问题的能力:与文本的联结与运用,与生活的联结与运用。

阅读力的导向不是教阅读者该思考什么,而是教他们如何去思考。一定要明白,**我们去阅读就是去思考,我们去思考就是去改变**。

三、阅读力的阶段与层次

美籍波兰裔心理学家珍妮·查尔博士在 1983 年出版的《阅读力进阶》一书中,将美国的孩子从阅读入门到阅读流畅的过程,划分为六个阶段。

(1)听读:在第一阶段,孩子往往并不认识书上的单词,孩子只是通过复述故事来假装阅读。

(2)猜词:通过猜词,孩子逐渐明白阅读是一个既包括"看字",也包括"理解"的过程。在第二阶段,孩子经常把注意力放在单词形状和读音上,不去关心单词的意义。

(3)寻找关联:在第三阶段,孩子不断熟悉字母与发音的关系,并通过简单的书籍,体验流畅阅读,培养阅读的兴趣和自信心。

(4)阅读:在第四阶段,随着阅读力的提高,孩子的好奇心越来越强,会把阅读当作了解世界、获取知识的窗口。

(5)思考:在第五阶段,孩子通过阅读各种书籍,不再局限于文本的字面意义,而是能够回应文本,并提出疑问。

(6)批判思维:在第六阶段,孩子成为具有批判和反思能力的阅读者。孩子能根据实际需要,综合运用精读、速读、略读等阅读策略和技巧。实际上,到了这个阶段,孩子已经初步跨越了文字壁垒,成为一个熟练的阅读者。

而对于成年人来说,阅读力应包括以下六个方面:**认读感知能力与阅读速度、理解能力、鉴赏能力、评价能力、记忆和活用能力、阅读技巧**。

1. 认读感知能力与阅读速度

感知能力是能准确和迅速地辨认语言文字,并理解文字表面意义的能力,即认词、读词和识词的能力。认读能力是阅读力的基础,包括对文字符号的整体感知与辨识、提取信息、识字数量、语言的积累运用和认读速度。

快速阅读是一种高效的学习方法。掌握速读之后,在阅读文章、材料的时候,就可以快速地提取段落、文章的脉络和重点,促进整理归纳分析,提高阅读理解效率。同时,速读还可以节约大量的时间,游刃有余地做其他的事情。

2. 理解能力

推理解释能力是一种通过阅读以获取信息的能力,通过概括、表达运用、分析、理解,最终形成自己的解释。理解能力是阅读力的一个重要指标,包括文中重要概念和词语的理解、重要内容和思路的解读、文章结构和表现形式的解释、作者观点和思想的认定、文章思路和归纳要点的把握、中心思想和观点态度的概括,并根据上下文合理推断阅读材料中的隐含信息等。

阅读理解的程度可由浅入深分为三个层次:**表层理解、深层理解和评价性理解**。表层理解仅仅是懂得文章字面上的意思;深层理解则要求读者能清楚地理解作者的言外之意;评价性理解则需要读者对作者所表达的内容说出自己的看法。

3. 鉴赏能力

鉴赏能力是对文学作品欣赏、鉴别和评价的能力,是多种能力的综合,包括知觉能力、想象能力、领悟能力、回味能力等。朱自清认为,这是一种"情感的操练",是阅读力中层次最高的一种。

其实,鉴赏能力是一种审美能力,而阅读是一种孤独的赏析。一个人的欣赏能力,和这个人的知识掌握程度、领悟能力有十分密切的关系。

生活需要创造,更需要鉴赏。应该这样说,没有鉴赏就没有创造。所以,鉴赏是一种素质,是一种审美的再创造。

4. 评价能力

评价能力是指对所阅读书籍的思想内容、表现形式、风格特征等作出评判的能力。

5. 记忆和活用能力

记忆和活用能力是指阅读的记忆和迁移能力,是把在阅读中学到的知识入心入脑,并加以拓展运用的能力。兴趣是记忆的第一推动力。同时,我们要明白,记忆行为习惯和时间效率习惯的培养十分重要。

学以致用,践行为王。阅读是手段,不是最终目的。我们不能做一个只会读书而不去探索和践行的老学究。

张衡是我国东汉时期著名的科学家、文学家。他从小就勤奋好学,加上天资聪颖,很早就闻名乡里。史书记载,他 10 岁时就"能五经贯六艺",过目成诵。他兴趣很广泛,常常涉猎自然科学方面的典籍,而且写得一手好辞赋。

一天,张衡从一本诗集里读到四句诗,描述了北斗星在各个季节的变化:"斗柄指东,天下皆春;斗柄指南,天下皆夏;斗柄指西,天下皆秋;斗柄指北,天下皆冬。"于是,张衡根据自己的所学画成了天象图,每夜默默地对着天象图仔细观察夜空。

后来,他终于确认那四句诗里描述得不够准确,事实上是"斗柄早春指东北,暮春却指东南"。

我想,阅读的目的,是要让我们当下的生活变得更好,让自己的人生得到实质性的提升。

6. 阅读技巧

阅读技巧包括朗读技能、默读技能、速读技能和良好的阅读习惯。

读书就是要会读书、读好书,就是要巧读书、善读书,读出人生的书香味来。

我想,读书不仅要下"苦功",也要用"巧功"。多读不如巧读,巧读才是好读,才能把书读好。

关于西汉思想家、政治家、教育家董仲舒,有"三年不窥园"和"下帷授课"的典故。董仲舒年少时非常刻苦,经常是夜以继日地读书。他的书房紧靠着姹紫嫣红的花园,但他三年没有进过一次花园,甚至连一眼都没瞧过。

董仲舒在 30 岁时,招收了大批学生,精心讲授。他讲学时,在课堂上挂上一副帷幔。他在帷幔里面讲,学生在帷幔外面听。他专心学习、讲学、著书,不被外界的事务所干扰,终于成为中国历史上继孔子之后又一个划时代的巨人。

四、如何提升阅读力?

阅读力,才是我们拥有幸福的源头。

提升阅读力需要全面提升注意力、意志力、想象力、思考力和记忆力。所以,提升阅读力,是"一连串复杂事件",说起来简单,做起来却很难;是一个艰苦的过程,一个逐步成长、逐渐增强的过程,切不可单打一,也不可急于求成。

"学会阅读",提升阅读力,是"学会学习"的首要任务。古人云"授人以鱼,不如授人以渔",而"学会阅读"就是"授人以渔"。

有效阅读必须具备以下两个要素:一是要读一些思想厚重、能够增加才智和陶冶情操的书。二是要带着自己的思想去读书。如果一味地按书本办事,按图索骥,我们就会变成一个偏执的书呆子。

叶圣陶早就说过:"死读书,读死书,最后就要读书死,这是培养不出人才的。"所以说,只有带着自己的思想去读书,以审视的眼光去阅读,才能真正把书读活,从中获得最大的收益。

提高阅读力的方法有以下几个方面。

1. 养成良好的阅读习惯,形成高效的阅读技能

良好的习惯,使人们形成有效的阅读技能,从而提高阅读效率和能力。例如:通过强化阅读的注意力,学会跳读,突出选择性,提高阅读速度;通过抓关键语句以理清文章的思路和要点,强化整体意识;通过咀嚼、品味重点词句的语境和意义,提高理解能力;通过结构形式的比较分析,提高评价、鉴赏能力;通过联想、想象,提高创造性阅读的水平。

在善于记忆、学会思考的同时,要勤动笔,多圈点、批注和摘录,多写随感、做评论,更要常思辨、善讨论、相互启发、主动交流。

2. 注重思维能力的训练

阅读力的核心是思维能力和理解能力。阅读一本书,就是一个与作者"无声"沟通的过程。所以说,我们阅读的是语言和文字,接受的是思想和情感。

3. 拓宽人们的阅读视野,构建宽厚的知识文化背景

现代社会信息化背景下的阅读,必然是多元的。开拓人们的阅读视野,一方面,可以增加信息的吸收、文化的积累;另一方面,各类信息的收集、碰撞,又常常会使读者在信息的交融碰撞中产生新的启发和认识。

我想,阅读力的提高,必须以深厚的知识文化素养为基础。知识文化背景的宽厚不同和阅读量的差异,会直接影响读者的阅读心理、阅读技巧、阅读习惯和语感能力。

4. 从培养"兴趣"入手,调动阅读积极性

"兴趣和爱好是获取知识的动力",所以要努力激发人们阅读的兴趣,愉悦地阅读,快乐地接受自己想要学习的文化知识。

古时有一个"牛弘笃学"的故事:牛弘性宽厚,笃志于学,虽职务繁杂,书不释手。弟弼,好酒而酗,尝醉射杀弘驾车牛。弘还宅,其妻迎谓曰:"叔射杀牛。"弘无所怪问,直曰:"作脯。"坐定,妻又曰:"叔忽射杀牛。大是异事。"弘曰:"已知。"颜色自若,读书不辍。

现代心理学之父皮亚杰说:"所有智力工作都取决于兴趣。"兴趣是阅读的最直接动机。当然,我们要知道,学生的阅读兴趣存在显著的年龄差异,而不同年龄段学生的阅读兴趣与阅读的性质密切相关。

一般来说,低年级学生对童话故事更感兴趣,而高年级学生则对战争题材、英雄模范、惊心动魄的故事兴趣更浓。学习成绩优秀的学生喜欢阅读有关文学和自然知识方面的书籍,而学习成绩不佳的学生则会停留在童话故事和侦探小说的阶段。

斯蒂芬·克拉生在《阅读的力量》一书中,提出了培养阅读

兴趣的方法:

(1)制造亲近书的机会。家里接触书的机会越多、教室里的书库越好、学校里的图书馆越好,阅读也就越多。另外,使用公立图书馆会增加学生的阅读量。

(2)舒适、安静的阅读环境。

(3)大声朗读。

(4)提供充足的阅读时间。

(5)直截了当的鼓励。

(6)阅读一些轻松的读物。例如,漫画、青少年浪漫文学、杂志等。

5. 要增加阅读的时间,因为阅读力与阅读的时间有直接关系

要提升阅读的自信心,增强自主意识。因为,一声鼓励和表扬,可以使我们的阅读热情高涨许多。在阅读力的提高方面,要让学生有一种"跳跃一下,就可以摘到桃子"的感觉。

朱熹告诫我们:"凡读书,须要读得字字响亮,不可误一字,不可少一字,不可多一字,不可倒一字,不可牵强暗记,只是要多诵数遍,自然上口,久远不忘。古人云,'读书百遍,其义自见'。谓读得熟,则不待解说,自晓其义也。余尝谓,读书有三到,谓心到,眼到,口到。"

6. 学习能力来源于早期的阅读

阅读力需要具备两种条件才能发展起来:

一是持续性和连贯性,即阅读习惯的培养。要每天有固定的阅读时间,而不可以喜欢就读读,不喜欢就不读了,那样不会养成良好的阅读习惯;

二是**阅读量的累积**。一般来说,少儿一年的阅读量要有 50

万～100万字,才可以使这种能力萌芽。

6～12岁这个年龄段,是阅读力快速发展的黄金期和关键期。一个孩子的聪明才智,如同一粒种子,需要必要的条件才可以发芽生长,而这个条件就是海量的早期阅读。

在早期阅读中,家长要充分发挥陪护者的作用。有数字显示,70%的0～8岁儿童喜欢在阅读过程中有家长陪同。父母陪读的目的,不是要培养孩子成为天才,也不是要用读书识字塞满童年的快乐时光,而是要充分开发孩子的潜能,让阅读成为孩子童年快乐的一部分,让阅读为他们带来一生的幸福。就像泰戈尔在《子夜》一诗中的深情表白:"亲子阅读,读童话,我一直到明天早晨,然后一个个教室喊:亲子阅读吧……"

美国伊利诺大学阅读研究中心主任里查德·安德森教授曾深入研究中国儿童的课外阅读情况,并与美国的儿童阅读作比较,得出了如下结论:一个中国普通家庭和一个美国普通家庭为孩子提供阅读材料的经济能力大体相当,但美国儿童的阅读量却是中国儿童的6倍。

产生如此巨大差异的原因在哪里呢?

一是中国的父母给孩子选择的课外读物过于"超前"了。大多数书籍的内容超过了孩子的认知水平,孩子难以流畅地理解故事的内容,感受不到阅读的乐趣。所以,中国儿童花在阅读上的时间少,阅读量也就小了。

二是中国的孩子严重缺乏"泛读"读物。因为,中国的父母给孩子买的课外读物基本都属于精读类。中国的孩子在幼儿园和小学里,平时学课文就是"精读"的方式,课外读物还要"精读",倒尽了他们阅读的胃口。

三是中国的父母都喜欢帮孩子选书。因为,中国的家长十分担心孩子只喜欢那些无用、无聊的图书。实际上,孩子只有喜欢一本书,才能看得进去。

四是缺乏阅读策略。中国的父母很少去观察、发现孩子的阅读习惯和阅读兴趣,不能针对性地去帮助孩子提高阅读能力。

美国教育部网站上有这样一句话,值得中国的父母们深思:**"能够阅读的孩子,是能够学习的孩子。而能够学习的孩子,终将会在学习和生活中获得成功。"**

阅读力是阅读的核心问题,它也是"读什么书""怎么读书"的立足点。怎样培养阅读力、训练阅读力和具备阅读力,一定比"读不读书"这一问题更重要。

同时,阅读力还可以解答"为什么要读经典""为什么要找好书读"这样的问题。阅读经典和好书才是符合真正阅读力标准的阅读,才能够真正达到"开卷有益",获取其思想价值和审美价值,进而提升人生的软实力。

在如今"玄幻""穿越"小说"遍地开花"的信息化时代,那些"快餐式"的书籍真的能使社会进步吗?我想,答案应该是否定的。

因为,**读书之道,在于品读经典。**

"经"与"典"合在一起,就是关于永恒道理的书籍,其主要特征是时间久远和多数人认同。

大江东去,浪淘尽,留下的便是经典中的经典。

经典像江河一样,万古长流;像美酒一样,越久越醇美。正如阿根廷作家博尔赫斯所说:"经典是一个民族或几个民族长期以来决定阅读的书籍,是世世代代的人出于不同的理由,以先期的热情和神秘的忠诚阅读的书。"

"所谓经典,就是大家都认为应该读而没有读的东西。"美国小说家马克·吐温的这句话道出了经典的尴尬处境:**没有人否认应该读经典,但真正去读的却寥寥无几。**

要知道,经典,往往是作者倾注"生命之血"铸成的著作,蕴含着作者对社会的透彻理解、对生命的深刻解读,以及作者自己丰富的情感。

另外,经典原著的思想内涵和知识含量,是其他书籍所不能比拟的。经典的价值,就在于它可以和一代又一代的读者进行对话交流,也可以引起一代又一代读者的共鸣和思考。

日本哲学家柳田谦十郎花了整整一年时间,才读完康德的《纯粹理性批判》。为了庆贺这件事,他夫人还专门为他举办了一次家宴。这个故事给了我们一些启示:一个人写出一本书固然不容易,值得庆贺;一个人认真读完一本书也不容易,也同样值得庆祝。

叔本华说过这样一句话:"**谁向往哲学,就必须到原著那肃穆的圣地去寻找不朽的大师。**"朱光潜先生也说过:"与其读十部无关轻重的书,不如以读十部书的时间和精力去读一部真正值得读的书;与其十部书都只泛览一遍,不如取一部书精读十遍。"

当下的许多人已经习惯了标题阅读,变成了"只看一眼的读者"。但信息不等于学问,更不等于见识、智慧与品质。我们不反对快餐文化、流行艺术,但是反对用"读图时代"和"快餐文化"来排斥经典阅读和深度精读。

青年的生活除了眼前的搞怪视频,偶尔的轻松娱乐,还应该有科学、艺术、文化等值得追逐的日常。著名诗人闻一多先生曾经说过:"我们的生活如今真是太放纵了,太夸妄了,太杳小了,太猥琐了,因此我们不能忘记杜甫。"这是青年人应当读书,应当学会读书的原因,也是新时代青年人应有的担当。

"没有功利、不含机心,读书就是生命最自然、滋润而闲适的状态。"

全民阅读氛围浓,书香中国更可期。而全民阅读的关键在于阅读力,而阅读力的根本基础在于如何读书。一个人、一群人、一代人都应该学会如何读书,努力让自己拥有强大的阅读力,进而使阅读改变人生,让墨香充满社会。

五、如何提高阅读效率?

阅读效率是指阅读书籍时的效率。阅读效率与阅读速度、理解率两个因素相关。光有速度而没有理解率,或理解率很高而速度上不去,都不会有良好的阅读效率。

英国教育学家柯林·罗斯 1983 年和 1996 年分别出版了《快速学习》《21 世纪快速学习》两本书,其中包括了他对于学习风格和学习方法的最新研究成果。他在书中创造性地提出了快速学习的六个阶段:

第一阶段:决心成功;

第二阶段:获取事实;

第三阶段:发掘内涵;

第四阶段:触发记忆;

第五阶段:展示所学;

第六阶段:学习回顾。

1999 年,柯林·罗斯又将这些成果进一步完善,出版了《快速学习新概念——MASTER it FASTER》一书。

美国阅读专家施道弗博士在他主编的《快速学习》一书中,提出了这样一个公式:$E=R×C$。其中 E 表示阅读效率;R 表示阅读速度,即每分钟所阅读的字数;C 表示理解率,指阅读后答对的问题数与受试问题数之比。

一般来说,为达到一定的阅读效率,速度快时,理解率就要降低些;相反,如果过分追求很高的理解率,那么速度就势必要大大放慢。因而孤立地强调阅读速度或理解率,都不利于提高阅读效率。施道弗博士认为:如果理解率低于 70%,则表示读得太快;如果高于 90%,则表示读得太慢;理解率介于 70%～80%,则表示阅读速度适中。

我们除通过掌握阅读技巧来提高阅读效率之外,还应注意通过提高眼和大脑对文字图像的接收和处理能力来提高阅读效率。因为,一个人的阅读能力的可塑性和潜力很大,视觉接受能力这种潜力要靠锻炼来挖掘。

阅读是一种本领,也是一种艺术。灵活掌握阅读技巧可以增强学习效果,而勤于锻炼则可以提高阅读效率。

读书是一种陶冶情操、提升和修炼自我的精神享受。一个好的读书计划,就可以提高阅读效率。读书计划应包括以下几方面内容：

　　读书类别：应该读什么书？

　　读书方法：怎么高效阅读？

　　读书目标：读多少本书？

　　读书价值：读完怎么去提炼价值？

　　英国作家尼基·斯坦顿在《沟通圣经》一书中，详细介绍了一套高效阅读的方法，简单易行。很多人用这套方法来改善自己的阅读方式，觉得效果都不错。

　　一般来说，高效的阅读分为五个步骤。

　　1. 纵览全书

　　拿到一本书，不要马上开始阅读，更不要一字一句地读。首先，应浏览一下这本书，包括前言、序言、目录、每一章节的标题，甚至还可以读第一章和最后一章，弄清楚作者的主旨、全书的结构、章节之间的逻辑关系，以及整本书的内容编排。

　　这就相当于给自己画了一幅地图，虽然还不知道每个景的具体景色，但是可以知道这些景点的分布、串联这些景点的路线图。

　　然后，判断哪些章节需要去重点精读，哪些只需要粗读，哪些可以略过不读，这样就可以对阅读的内容做好优先级分类。

　　2. 提出问题

　　接下来要针对这本书提出一系列的问题。因为，带着问题去阅读才有效率，才能解决读书走神的问题。

　　那么，应提出什么问题呢？

　　例如，作者提出了什么观点？作者是怎么论证这些观点的？提出了什么论据？他的论据可信吗？作者提出的说法，如果与我们一般人的认知不一样,那他是怎么证明的? 他能自圆其说吗? 他说的这一套理论有道理吗?

3.开始阅读

接下来就是带着问题去阅读。首先要认真阅读当初认为需重点阅读的章节,其他章节可以粗读,甚至不读。

对于要重点阅读的章节,需搞清楚这一章节的主旨。并且,对于支持它的论据和细节部分也应该精读。

对于要粗读的部分,主要的目的是掌握重点内容。所以,不必纠结于一些细节,即使读到有趣的内容也不要停下来。

为了迅速找到主要内容,可以着重看这些章节的第一段、每一段的第一句话或最后一句话。因为,这些句子通常都是提纲挈领、总结内容、表述结果的。

另外,还要注意一些特殊的字眼。因为,这些字眼常常提示重点内容的出现:

表示思路上的转折:然而、但是、尽管如此、虽然、尽管、而是、另一方面。

表示总结或结论性关键词:因此、最后、所以、然后。

表示接下来会有更多内容:而且、此外、以及、也、同样地。

在阅读的同时,要时刻提醒自己,这些内容是否回答了相关问题? 有哪些问题尚未找到答案?

还有,要保持阅读的流畅性,不要边读边做笔记。如果在阅读中多次停下来做笔记,会打断阅读的思路,妨碍自己对相关内容的理解。

如果是内容比较复杂的书,可以多读几遍。但是,千万不要放慢速度,切记一字一句地只读一次。

第一次阅读,应以理解为主,不要做笔记;

第二次阅读,如果觉得有必要,可以将每一段的主旨和重要的细节画上记号,但还是不要摘抄记录。

4. 回忆内容

到了这一步,可以做笔记了。

读完全书以后,合上书本,凭着自己的记忆和理解,将刚才读到的内容整理出来。

主要应回忆以下内容:作者的主旨思想是什么? 作者提出了哪些论点? 每个论点是如何论证的? 作者用了哪些证据来论证? 整本书的结构是什么?

此时,可以参考费曼的技巧学习法:

第一步,**明确学习的目标和内容**。也就是说,要弄清楚自己到底在学什么东西,学的什么概念。

第二步,**以教促学**。也就是说,要用自己的语言,说出自己对知识的理解。

第三步,**化整为零**。一篇文章读下来,可能有很多知识点,其中有些自己已懂,有些半懂,剩下的自己完全不懂。这个时候,应将这些基础知识点逐个击破。我们可以去翻阅参考文献,可以上网查阅资料,也可以请教师长或与别人讨论。

第四步,**总结提炼**。要将逐个击破的知识点联合在一起,把复杂的事情简单化,这是一件非常神圣的事情。

5. 检查

回忆结束后,翻开书本,对照刚才整理的笔记,看看自己的回忆是否和书上的一样。此时,必须确定已经把所有的论点和重要的细节都记了下来。

而那些记不清楚的地方,就是自己不理解的地方,需要重新读一遍,把漏掉的内容补上。

至此,可以说已经有效地读完了一本书,并且已经很好地消化了一本书。

日本的齐藤英治有一本畅销书,叫《王者速读法》。书中也提出了一个30分钟高效读书法:

先用5分钟的时间,阅读书的封面、封底、腰封、目录、前言和后记等,就可以了解整本书的主题、主线和结构。

然后用5分钟的时间,快速浏览整本书,可以使用便签或红笔标记出自己感兴趣的相关内容,以便以后重点阅读。

接下来用20分钟的时间,针对自己感兴趣的内容或与问题有关联的内容,运用跳读法进行阅读,并将关键词、关键句、段落等信息都标记或抄录下来。

六、如何提高阅读吸收率?

阅读力是每个人都应该培养的核心能力。因为,在众多的学习方式中,尤以读书的成本最低,但效果却很难控制。

我相信,我们一定遇到过下面这些阅读问题:

(1)每次阅读,会在选书上花70%的精力,阅读特别缺乏目的性;

(2)可用来阅读的时间太碎,隔段时间再打开书的时候,早已忘记上次读到哪里了,又要重新从头读起;

(3)拿起一本书,一般人都是逐字逐句地读,阅读的速度太慢,最后常常是没有耐心读下去;

(4)每次读完一本书,过几天就一点印象都没有了。

从选书、阅读到吸收,这三个环节中任何一环都会产生许多问题,让我们失去坚持阅读的耐心。那么,如何才能将书中的知识吸收、转化为自己的技能呢?

1. 要了解认知原理,让学习少走弯路

书中的知识进入我们大脑的过程是这样的:书本知识存储进大脑,首先会变成不易被我们察觉的感觉记忆;然后通过注意力的集中,变成短时记忆,再经过复述和吸收,最终变成长时记忆;在这个过程中,还需将知识不断地从长时记忆里调用出来,运用到生活中,这样才能真正长久留存在我们的大脑里。

2. 要了解知识进入大脑的三重障碍

包括看不进去、看完即忘、收获少三大阅读问题。那么,造成这些阅读问题的原因是什么? 如何去破解?

(1)感觉记忆:属于目标管理问题,常常是读书没有设定目标(看不进去)。对应的解决方法:兴趣记录法、目标管理法。

使用兴趣记录表和目标管理表,可以帮助我们明确读书目标,避免无效学习。如果目标不明确,可以先从兴趣出发,记录兴趣点,然后再将兴趣点转化成小目标。

(2)短时记忆:属于注意力管理问题(看完即忘)。对应的解决方法:速读画线法、一元笔记法。

速读画线法:画一画,书的重点就清楚了。但是,画线内容的比例最好不要超过全书内容的20%。

一元笔记法:记一记,看过的知识就不会忘。能够帮助我们整理书本的内容、记录自己的观点,形成自己的阅读素材库。"一元"的意思,就是将所有的阅读笔记,都写在同一个笔记

本中。

　　信息一元化的好处在于,既简单,容易坚持下去,又能够把阅读过程中产生的模糊想法"封装"进大脑,方便以后的调用。

　　(3)长时记忆:属于知识运用问题,只是一味地读书而没有得到应用(收获少)。对应方法:功能查询卡、趣味行动法。

　　功能查询卡:让知识变得随时随地可查询。我们在书上看到的好词好句、故事、概念、观点,都可以做成素材卡。

　　我们出去旅行时,也会写一个旅行物品清单卡和购物清单卡,以防止自己漏带或漏买东西。

　　趣味行动卡:让知识变成指导行动的步骤,用卡片实现学以致用的结果。趣味行动卡可分成三类:情景卡、日卡和周卡。

3. 要明确读书的三大目标

包括兴趣阅读、浅阅读和深阅读三大目标。

我们常常会说，自己的读书目标是快乐或是成长。这些目标当然很好，但有一个很大的缺陷：目标不够明确，没有把目标进行细化。

兴趣阅读：想要大致了解某个领域、认识某种事物。

浅阅读：想要快速学习小技能，或比较浅层地学习一些知识。

深阅读：想要较深地掌握技能，或更深入地学习某些知识。

"阅读吸收"，即读者通过认知将语言和知识转化为内部的思维过程。叶圣陶先生曾经说过："阅读是吸收，写作是倾吐。倾吐能否合乎法度，显然与吸收有密切的关系。"

阅读的吸收率直接影响阅读的效果，影响自己的写作能力。阅读吸收率高，获得的养料就充分，写作能力才会高；阅读吸收率低，"吃"得再多，照样还是营养不良。

读书"须先熟读""继以精思"，才能有所心得，有所产出。所以说，我们有些人读了书，而记不住、说不出、写不好，"皆是不精不熟之患"。

"忙"字，左边一个"心"，右边一个"亡"，连在一起，心亡了，心就死了。因为有些人总是"忙读"，没有慢慢读、慢慢赏、慢慢嚼、慢慢品，所以，从书中读不出多少味道来，最终只能成为"盲读"。

有些人的阅读吸收率是 20%，而有的人会高达 80%。那么，如何去提高自己的阅读吸收率呢？

（1）要将那些阅读方法内化为自己的本能，并摸索出适合自己的最佳读书方法。

(2)那些无师自通的人不必去读那些如何阅读的书,因为他们的阅读效果已经很不错了。

另外,读书之前还要注意几个问题:

(1)**主题阅读**:一段时间内只读同一领域或同一主题的书籍,可以将这些书的知识很好地关联起来,而且收获会很大。

(2)**练习冥想**:一天冥想半个小时,假以时日,我们的阅读会越来越专注。

(3)**时间分配**:用精力最充沛的时间去阅读一些比较难懂的书,在最疲劳的时候去听音乐、看电影等,以舒缓自己的劳累感。

(4)**适时复习**:读完一本书后,要适时去复习,使阅读的效果达到最佳。

七、如何矫治阅读障碍?

虽然教育水平普遍提高了,但仍有很多人在阅读方面存在障碍。据统计,大约有6%的人有阅读障碍,全国有将近1亿人正受着阅读障碍的困扰。另外,阅读障碍是学龄儿童中常见的一种学习障碍,约占学习障碍的80%。这些人在日常生活中表现得与常人无异,只是在阅读时才显露其能力的不足。

要知道,有相当多的名人都是阅读障碍的受害者。新加坡国父李光耀,前英国首相丘吉尔,还有达·芬奇、爱迪生、爱因斯坦、肯尼迪等,他们在儿童时代都被认为是成绩极差的"笨孩子",最后科学家发现,他们都属于患有阅读障碍症的典型例子。

阅读障碍就是阅读理解、汉字辨认和朗读,以及所有需要阅读参与的作业能力都比同龄人差。而且,这还不是因为智力低、眼睛不好或学历不够高导致的。

阅读障碍的具体表现如下:

(1)认字与记字困难重重,刚学过的字很快就忘记;

(2)听写成绩很差;

(3)朗读时增字或减字;

(4)朗读时不按字阅读,而是随意按照自己的想法去阅读;

(5)错别字连篇,写字经常多笔少画;

(6)阅读速度慢;

(7)逐字阅读或以手指协助;

(8)写作文过于简单,内容枯燥,千篇一律;

(9)经常搞混形近的字;

(10)经常搞混音近的字;

(11)学习拼写困难;

(12)经常颠倒字的偏旁部首。

如果一个人在阅读时出现上述表现4项以上,则要加以注意,最好进行专门的阅读障碍诊断测验。

对于孩子的这种心理问题,老师和家长要注意以下几个问题:

(1)阅读障碍不是智力差,更不是智障。

(2)阅读障碍不是因为懒惰。

(3)不是所有的阅读障碍者都有注意力不集中、多动症的问题。

(4)阅读障碍不仅会影响语文成绩,做数学应用题的时候也会感到很困难。

(5)阅读障碍在小学三年级左右就可以被诊断。但是,验证阅读障碍是一个非常严谨的过程,需要进行智商测试、认知能力测试、专业语言能力测试等,要结合多种因素进行综合判断。

对于有阅读障碍的孩子,培养其良好的阅读力是极其重要的。而阅读力的培养,应该从小抓起,儿童期是阅读力培养的关键时期。而对于较严重的阅读障碍学生,则需要由专门的教师和心理医生采用特殊的方法进行矫治。

第六章 读书的阶段与层次

——朱熹说:"耸起精神,树起筋骨,不要困,如有刀剑在后一般。"

一个人的阅读,一个人的习惯,一个人的世界,我想,每一个喜欢读书的人都应该经历过这几个阶段。

鲁迅先生说过,一个人要多读书,杂取百家,融会贯通,方能达到至高境界。

如果一个人持续高效读书,就能达到"一年而野,二年而从,三年而通,四年而物,五年而来,六年而鬼入,七年而天成,八年而不知死、不知生,九年而大妙"的境界。

明末清初著名的理学家、文学家陆世仪在《思辨录》一书中,为青少年开列了一个推荐书目,将阅读的人生分成三个阶段。他认为,每个阶段读书的方法应该有所不同:先是诵读,然后学贯,再是涉猎。

诵读:5~15 岁,读出声音并背诵经典的语文篇目,包括四书五经、《唐诗三百首》、《古文观止》等。从 10 岁到 15 岁,要开始学一些比较难的语文知识。

学贯:15～18岁,不适合阅读心灵鸡汤和成功学方面的书籍,应该深阅读一些经典。可以看一些小说和经史子集,要做笔记,更要思考。

涉猎:18～35岁,应该侧重于浅阅读。可以涉猎一些思想类书籍,并用好图书馆。工作以后,可以涉猎专业类、理论类、实用类和工具类的读物。

一、日本式的读书阶段

在《高效能阅读》一书中,日本的原尻淳一将读书分为初级、中级和高级三个阶段。

1. 读书的初级阶段

这个阶段主要是想解决不爱读书的人如何提高读书兴趣的问题。对知识的好奇心,是每个人与生俱来的。但是,随着我们的长大,就慢慢地失去了它。在现实生活中,有些人之所以不喜欢读书,不是因为他们厌恶读书,而是因为他们没有遇到喜欢读的书。

法国当代作家达尼埃尔·佩纳克在其著作《宛如一部小说》中,提出了"读者权利十条",包括不读、跳读、不读完、重读、随意选读的权利,以及朗读和默读的权利等。读者的这十条权利告诉我们,不要害怕读书,也不要害怕读书的苦。因为,这是我们通向世界的路。

其实,无论是读书,还是做其他事情,都要有原动力。当然,很多人可能没有这样的原动力,这是因为,不是每个人都能幸运地遇见那些真正能使我们觉悟的好书。不过,我们也不要失望,因为我们每个人都有一颗好奇心。因此,**我们可以根据自己的好奇心去选择读什么书**。

有人说,一个人没有好奇心,他就仅仅是活着,"虽生犹死"。其实,不必如此紧张,因为好奇心也是可以培养的。在美国文森特·赖安·拉吉罗《思考的艺术》这本书中,提到了有六种方法可以激发我们的潜力,帮助我们重拾那份好奇心和求知欲。

(1)做一个善于观察的人;

(2)看到事情不完美的一面;

(3)记下自己和他人的不满,并分析原因;

(4)寻根溯源;

(5)对暗示保持敏感;

(6)在辩论中发现机遇。

其实,重拾好奇心最有效的方法就是多问几个"为什么",多问一些问题,并且去寻根溯源。当然,多问几个"为什么",本身就说明他(她)是一个善于观察、勤于思考的人。

在读书的过程中,我们会遇到很多问题。例如,有些书晦涩难懂,有些书很厚,有些书根本不能让我们产生兴趣,等等。遇到这些问题时,我们应该怎么办呢?《高效能阅读》这本书给了我们一些解决的方法。

(1)读者有不读、不读完和跳读的权利;

(2)从薄一点的书开始阅读;

(3)像听故事一样听书。

我想,如果不感兴趣的书自己一本都不看,那么有些问题或事件我们永远也看不到;如果只看自己感兴趣的书,我们的格局将会变得非常小。

有时候,我们对一些实际上有用的书籍没有兴趣,是对读书的目的存在误解之故。因为,我们常常把读书的目的定义为"读完",而一旦以"读完"为目的,那我们就会对阅读自己不感兴趣的书籍产生恐惧感和内疚感。

读书的目的到底是什么?我想不外乎以下六种:

一是为了消遣而读书。有些人视读书为可有可无之事,闲暇时便翻开书本,"闲读"一通,既可打发时间,消遣混日子,又可在有意无意中长点知识。

二是为了寻求知识和技能而读书。学以致用,带有一定的功利性,想从书中获得确切实用的利益,或希望自己变得更好。

三是为了满足求知欲和好奇心而读书。

四是为了情感的需要,为了个人成长和精神享受而读书。在阅读一些优美的文学作品时,哪怕没有特别实用性的收获,我们的内心也能获得极大的满足感。

五是为了寻求一种生命和人生的意义,为了最高的、终极意义上的价值目标而读书。

六是为了弄清人该怎么样奋斗,该怎么样向上而读书。

陶渊明的"采菊东篱下,悠然见南山",以及崔国辅的"辛台折杨柳,春日路旁情",是消遣性读书的场景;

王绩的"牧人驱犊返,猎马带禽归",以及王昌龄的"黄沙百战穿金甲,不破楼兰终不还",是功利性读书的境界;

王之涣的"欲穷千里目,更上一层楼",以及杜甫的"会当凌绝顶,一览众山小",是积累性读书的层次。

很多时候,我们读书是为了自我提升,而不是简单的消遣。正因为是为了成长而读书,我们就不可能很轻松地阅读。

《高效能阅读》这本书教给了我们两种读书方式：

(1)"刷牙式读书"

阅读,其实是一件平凡到跟刷牙一样的事情。人们起床后习惯性的第一件事,肯定就是刷牙洗脸。同理,如果把阅读变得像刷牙一样,简单到一种习惯,那么,我们就不再畏惧,就能进入专注的状态,我们的大脑每天都可以接受新的知识。

印南敦史的《快速阅读术》要求我们注意以下几点:最好在每天的同一时间阅读,并坚持早起阅读的习惯;提前一天选好所要阅读的书籍;流水式快速阅读;尽快把它读完并归档书籍。

印南敦史在书中说过这样一句话:为了享受阅读的过程,主张集中阅读一本书的时间不应该超过 10 天,这是一个原则。

其实,阅读就是一件既可以伟大到可以受用一辈子的事业,又可以平凡到像刷牙一样渗入到生活细节里的日常习惯。

(2)"举行仪式"或"仪式习惯"

这是一种"自我暗示的模式",也是一种定义明确、具有高度计划性的行为。美国的吉姆·洛尔博士在《精力管理》一书中说:"毅力和自律将人们推向某种特定的行为方式,而仪式习惯自动会把人们拉向某条轨道。"瞬间的专注需要不断地训练,至少需要 21 天。久而久之,习惯性的阅读就会自然而然地进入更加专注的状态。

在《高效能阅读》这本书中,作者建议我们要打造良好幽静的读书环境。也有人认为,当一个人有读书的心境时,随便什么地方都可以读书。

我们还可以打造一个"家庭图书馆"或"读书吧",这是一种很好的营造读书氛围的方式。另外,我们可以按照主题或一定的"书脉"来摆放书籍。还有人为了能够读到书、亲近书,会把家安置在图书馆的附近,享受不得不读书的居住环境。

2. 读书的中级阶段

喜爱书籍、热爱读书的人常常有这样的困扰,总是觉得书读得太慢,这辈子读的书太少了。其实,读书的快慢是因人而异、因书而异的。学术性和商业性书籍、社科类论文或随笔属于可以速读的类型,我们可以用三五分钟了解一本书,并以速读的方式进行阅读。

扫读—略读—精读的速读技巧,可以帮助我们大大提高阅读的速度和效率。

另外,我们可以通过阅读目录来了解书的架构和主题;通过阅读标题、概要、总结来了解书的主题阐述和布局,并决定自己阅读的侧重部分;通过阅读黑体字及关键词来了解书的主要内容,在需要重读、精读的部分做好记号(可以是便利贴、箭头记号纸等),便于反复阅读、思考,并做好笔记。

克里斯蒂安·格吕宁在《超级快速阅读》一书中,总结了学习流程的四个阶段:拓宽视野,快速阅读;视觉阅读,进阶训练;五感并用,超级记忆;把方法应用到学习、工作和生活中去。

日本的加古德次在《奇迹的超级速读法》一书中设计了一个30分钟的速读训练程序:

(1)用松弛呼吸法控制自己意识的训练(3分钟);

(2)用比平常呼吸更细长、更缓慢的节奏进行调息,或集中凝视一点的训练(3分钟);

(3)随着加快视点移动,增强眼肌对下丘脑的刺激,促使大脑反应灵活的训练(2分钟);

(4)移动一行视点的训练(2分钟);

(5)以10分钟阅读6万字(大约120页)为目标掀动书页,做好掌握全书大意的训练(10分钟);

(6)尽可能快速阅读、掌握其内容的训练(10分钟)。

真正会读书的人一定懂得速读和速读的相关技巧。《高效能阅读》一书阐述了速读的几个技巧。

(1)关键词的发掘和假说验证读书;

(2)通过目录读书或跳读来把握结构,预测内容;

(3)标题和黑体字读书法;

(4)有目的、有意识地"舍弃"一些目录章节。

原尻淳一说:"读书的关键是通过读书获得他人的经验教训,要经常在实践中亲自验证,然后将结果转化为自己的规则。通过实践,对他人的经验教训进行尝试,有取舍地选出真正能用的东西,加以改变,使其适合自己。我认为,反复进行这个实验,掌握真正能用的教益,这才是人生中最重要的事。"

3. 读书的高级阶段

这是一个从学生到学者,从学者到专家,从专家到作家的过程。著名哲学家叔本华告诫我们,"不要忘记自己的思考"。如果在阅读的过程中,没有形成"思考的主场",就会出现一种"无家可归的状态"。

阅读可以分为"**水平阅读**"和"**垂直阅读**"两种。垂直阅读让我们建立自己的"思考的主场",而水平阅读一些非专业领域的书,有时会意外地获得新的、有意义的视角。有人认为,我们应该培养一点非专业的兴趣和素养,让自己变得有趣起来。

有关读书的比例问题,有一个"721模式",即70%的阅读内容来自自己本专业的书,20%的阅读内容来自专业相关的领域,10%的阅读内容来自未知领域的书。

另外,树立"为写而读"的理念十分重要。因为,我们有目的地读书,定向性收集信息,最终是为了写出自己的心得体会,写出自己的教科书。

二、中国式的读书阶段

国内将一个人一生的读书过程分为五个阶段和十重境界。

(1)入门阶段(学童):相当于学前时期和小学文化程度。学会说话、形成习惯是今后学习的基础阶段,起着奠定基础的作用。也就是说,对读书学习是否有兴趣,能否养成自发学习的习惯,在很大程度上取决于这个时期。

这个阶段包括两重境界:一是说东道西、说这说那,随意谈论各种事情,却不识字,属于文盲;二是具有较少的识字量和阅读量,可逐字逐句理解字面意义,属于半文盲。

在读书的最开始阶段,最重要的无疑是养成阅读的习惯,并在阅读中找到乐趣。因为,这是持续阅读的关键。如果此时无法养成良好的阅读习惯,想通过以后的读书来改变人生无疑是痴心妄想。所以在开始的阶段,我们可以读一些轻松、简单的书籍,可以什么都读,这也是一个泛读的阶段。

(2)初级阶段(学生):相当于中学文化程度。这个时期的任务是奠定人的自主意识、是非观念、人生目标、思维能力、判断能力、决策能力,并在"为谁读书"上有自己的看法。

这一阶段包括两重境界:一是一目数行,拥有较多的识字量和阅读量,扫一眼即能理解透彻或理解大意;二是鹦鹉学舌,具备一定的语言表达和文字写作能力,能按照自己的初步理解将所阅读的内容简要地表述出来。

(3)中级阶段(学者):相当于大学文化程度。具有自主学习的意识和能力,在为谁工作上形成自己的看法。我一直认为,工作是为了自己,学习也是为了自己。

这一阶段包括两重境界:一是能力低者生搬硬套,照搬照抄、模仿、套用他人的知识和经验,而能力高者能进行知识的梳理和重构,并形成无意识的知识管理能力,将知识转化为自己的经验;二是无师自通,能主动掌握学习、工作、生活所需要的知识、技能和经验,同时具备创新和指导他人学习的能力。

《书都不会读,你还想成功》这本书告诉我们,在读书的初级和中级阶段,我们应当缩小自己的阅读范围,进行主题阅读。并且,在一个主题或专业上进行精读,形成自己的知识体系和影响力,并努力成为专家,这也是一个精读的阶段。

(4)高级阶段(学痴或学究):学识渊博,相当于研究生的文化程度,具有自主创新和知识的管理、运用能力。

这一阶段包括两重境界:一是胸有成竹,触类旁通,具有深厚的专业知识、技能和经验,只看书名、目录便可略知全书,此时已达到了"学富五车、才高八斗"的程度;二是著书立说,形成了自己独特的学术思想和风格。

(5)超级阶段(学宗或学神):学术、技能出神入化,在一定程度上能够影响各行各业的发展,属于能诞生新理论、新思想、新方法的开山鼻祖。

这一阶段也包括两重境界:一是心有灵犀,能指点行业或同仁成长,完全可以靠自己的悟性无师自通;二是开山祖师,德高望重,名列前茅,在学科、行业内或史无前例,或登峰造极,成为学科、行业内可望而不可即的人物。

在读书的高级和超高级阶段,我们又要回归到什么书都读的状态。因为只钻研自己的专业领域,会让眼界变得很狭窄,不可能成为大家和大师。在这个阶段,可以多研究一些其他领域的前沿问题,形成多维度的竞争力,这也是一个泛读的阶段。

也有学者将一辈子的读书形象地分为三个阶段:

一是**喂食阶段**。也就是别人告诉我们该看什么,我们就看什么。从牙牙学语开始,就会有人拿着儿歌、唐诗三百首、英语的看图识字等等来喂食,培养我们的学习兴趣。

二是**填鸭阶段**。也就是我们上学读书的时代。孩子们背着书包上学校,把老师已经消化好的东西装进大脑,然后再把这些知识倒映在考试卷子上。这个时候,大部分人读书的兴趣会被打压,被动学习的成分会多些,营养不平衡和消化不良的情况也会出现。

三是**主动寻食阶段**。对于读书人来说,这应该是最快乐的阶段了。在这个阶段,读书已经成为一种主动的、自主的习惯,不跟风不师古,有自己的价值取向。然而,在越来越追求物质享受的时代,能够进入第三个阶段的人越来越少。同时,我们发现现在可读的好书也越来越少了。

但值得庆幸的是,近几年来,"爱读书、读好书、善读书"的全民阅读活动在中华大地上掀起了热潮。"以读书为荣,以读书为乐"成为人们的一种时尚、一种自觉,"全民阅读"成为"全民悦读",营造出了"多读书、好读书、读好书"的良好氛围。

三、课本阅读的三个阶段

如果把书中的内容真正变成自己大脑里面的内容,就必须经历一个由"厚"到"薄",再到"厚",最后再变"薄"的过程。

1. 先把书读"薄"

首先要弄清读书的目的,其次要结合目录,了解每章、每节的知识内容,再结合每一节中的概念、规律和问题,了解知识的概要,把书本读薄。

2. 由"薄"到"厚"

在第二遍认真细致阅读时,仔细揣摩书本里的每一句话,尤其是重要的概念和段落,深层次理解作者的意图。对于重要的知识,要在认真研读的基础上,好好理解并着重记忆。对于不懂的地方还要做好标记,想方设法找到解决问题的办法。由于第二遍细读要读出书本以外的许多相关内容,读出自己对书本的新理解和新发现,所以说,这是一个把书本从"薄"到"厚"的阅读过程。

3. 再从"厚"到"薄"

经过一个阶段的细读,对书中的精髓内容已理解透彻。此时读书的感觉就是,主要内容越来越少,书越来越薄了。

四、阅读的六个台阶

教育专家认为,1 岁时就可以开始引导小孩的阅读兴趣了。

俗话说"三岁看老",所以可以这样认为,3 岁是一个分水岭。而 8～14 岁是孩子的黄金读书阶段,对孩子树立正确的人生观起到决定性的作用。

一般来说,人的阅读习惯在 14 岁之前就定型了。如果这个年龄阶段还没有养成爱好读书的习惯,那么,在之后的人生中,也许就不太可能会喜欢读书了。

第一个台阶:**图画书。**这个阶段从孩子出生不久就可以开始了,一般到小学低年级结束。

图画书的阅读先以家长的朗读为主,孩子作为听众,作为第二读者感受读书的乐趣。在孩子上学后,随着识字量的逐渐增加,家长就可以逐步把朗读的任务向孩子转移了。通过父母的亲子朗读和孩子的大声跟读,孩子可以认识更多的字。家长要高度重视,此时此刻,比认字更重要的,是努力去培养孩子对图书的兴趣。

第二个台阶:**简短文字书。**这个阶段从孩子上小学开始,可以持续两年时间或更长时间。

第三个台阶:**中篇小说。**可以从小学中年级开始,具体视孩子之前的阅读经历而定,可适当提前或推后。

第四个台阶:**长篇小说。**可以在小学中高年级实现,具体开展要根据第三个台阶对中篇小说的阅读情况加以调整。

第五个台阶:**传记和历史。**可以从小学高年级以后开始,要引导孩子阅读一些内容比较简单的传记和历史。

第六个台阶:**各学科书籍的研究性阅读。**可以在中学和大学阶段实现,也可从小学高年级就开始引导学生阅读各学科的书籍。"研究性阅读"是指学生开始用更广博、更专业的眼光,去阅读包括大部头在内的各种书籍。

五、读书的层次

一本好书,不是读一遍就能读懂的,而是需要我们反复去理解,反复去阅读。首先,我们要读懂字面意思,因为这是读书的根本前提和基础;其次,我们要读懂引申意思;最后,我们要读懂书的本质精神,进入作者的精神世界而产生心灵和思想的对话、共鸣。

《如何阅读一本书》带给我们的,不仅仅是阅读书籍的技巧,更重要的是阅读的思维,如何将书本信息通过大脑进行梳理、提纯,并转换为自己的知识。莫提默·J.艾德勒强调主动阅读的重要性,认为阅读的目的是娱乐消遣、获取资讯和增进理解力,并将阅读分为四个层次,即基础阅读、检视阅读、分析阅读和主题阅读。

(1)**基础阅读**。就是识字、懂得字面意思的层次,是最广为人知的阶段,也是我们在九年义务教育阶段的重点。这一层次又可以细分为四个阶段:阅读准备阶段、简单读物学习阶段、快速建立词汇阶段,以及技巧增进阶段。

(2)**检视阅读**。就是系统化略读的层次,知道这本书在谈什么、什么架构、包含哪些内容等。通过略读书名、目录、副标题、序言、前言等来摘取书的关键信息,提炼书的主旨和内容,并通过阅读任意章节,在有限的时间内最大化地归纳书的中心思想,并作出这本书是否值得进行深入阅读的判断。

(3)**分析阅读**。是阅读的重点方式,是获取有效信息、追求深入理解、形成自己知识的层次。这一层次需要读者建立整体观念,懂得找出全书的架构;抓取全书的关键词,并了解作者使用这些关键词的含义;懂得判断作者的主旨,并找出全书的精华句子。

(4)**主题阅读**。是阅读的最高层次,也是要求读者更加积极主动的一个层次。当然,这也是所有阅读活动中最有收获的方式。通过阅读同一主题的不同书籍,找出对自己有用的主旨和具体内容,以架构自己的知识体系。主题阅读所需要的技巧涵盖了基础阅读、检视阅读和分析阅读的所有技巧。

主题阅读与分析阅读最大的差异,就是分析阅读是以书为主体、读者为客体,要做到"我为书所用",而主题阅读则是以读者为主体、书为客体,要做到"书为我服务"。

对于读书的层次,国内学者有很多看法。

(1)有人认为读书有三个层次:其一,从书中获得知识和乐趣;其二,在读书过程中学会思考;其三,通过读书与思考,成就完美人生。

(2)有人认为读书有六个层次:读书无用论,看不进去书;读书是为了改变命运;附庸风雅的炫耀型;缺乏判断力的迷茫人;读书功用论者;读书是生活的必需。

(3)也有人认为读书有四个层次:一是读了;二是感觉读懂了;三是纸上谈兵;四是知行合一。

(4)另外,有人将我们所读的书籍分为七个层次:

第一个层次是一些启蒙书籍,适合于幼儿、儿童;

第二个层次是那些文摘、故事会、文集;

第三个层次是武侠小说;

第四个层次是东西方的经典小说，可以增加自己的文化涵养；

第五个层次是历史、传记；

第六个层次是专业方面的书籍；

第七个层次是哲学，包括东方古典哲学和西方古典哲学。这个最高层次的阅读可以让我们思考为什么活着，活着的意义是什么，要怎么过完这一生。

读书是一个磨炼的过程，就必然是一个痛苦的过程。只有快乐读书，并在痛苦中探索，在探索中前行，才能在前行中收获成功的喜悦。我想，真正论及读书，大凡要经历"乐—苦—乐"的三级层次。要知道，真正的读书一定是痛苦的，一种很深很深的痛苦。而这种痛苦可以深深地渗进我们的灵魂,沁入我们的骨髓,使我们大汗淋漓,甚至喘不过气来。

六、读书的境界

不爱喝咖啡、吃榴梿的人,说咖啡苦、榴梿臭;爱喝咖啡、吃榴梿的人,说咖啡香、榴梿也香。同是一种食物,为什么会有两种体会呢?我想,这是心境不同、爱好各异之故。

读书也是如此。君不见,古人读书,大多摇头晃脑,乐此不疲;今人读书,大多愁眉苦脸,见书生厌。究其原因,心境、意境不同之故。

读书无止境,但读书有境界。

在这个教育平民化的时代,读书成了我们每个人成长的必由之路。然而,将读书当成一种生活习惯和长期需求,这样的人实在是太少了。我们差不多都是从幼儿园开始上学的,经过了一二十年,人生就发生了巨大的变化。有的人在原地打转,有的人则站在了"云端",风景各异,感受不同,人生的境界也大不一样。而这种境界的不同,就是当初读书境界的差异造成的。

我想,快乐读书的前提,就是整理好那颗动荡不安的心,就是要用生命和心灵去阅读。只有这样,少年读书,才能读出一片春郊新绿、翠柳扶风的青青之意;中年读书,才能读出一种沉思凝重、掩卷瞑目的回味之意;老年读书,才能读出一份空山月明、洗尽铅华的超然心境。

(1)古人用赏月来做比喻,将读书的境界概括为三个层次:

第一层境界是指少年读书,如隙中窥月,"窥"得斑斑点点;

第二层境界是指中年读书，如庭中望月，"望"得一轮圆月；

第三层境界是指老年读书，如台上玩月，"玩"出一种品味。

(2)中国香港散文家董桥用毛泽东的三段词来比喻读书的三重境界：

第一重境界是"此行何处？赣江风雪迷漫处。命令昨颁，十万工农下吉安"，在学海中畅游，有困惑和迷茫，但目标明确，初心不忘；

第二重境界是"四海翻腾云水怒，五洲震荡风雷激。要扫除一切害人虫，全无敌"，读书时要有壮怀激烈的豪情和勇往直前的斗志；

第三重境界是"往事越千年，魏武挥鞭，东临碣石有遗篇。萧瑟秋风今又是，换了人间"，在书山中自由登攀，在书海中尽情遨游，内心的体验变得更加强大。

他还将读书比作听雨，用一首南宋蒋捷的《虞美人》来比喻少年、壮年、老年的读书心境："少年听雨歌楼上，红烛昏罗帐。壮年听雨客舟中，江阔云低，断雁叫西风。而今听雨僧庐下，鬓已星星也。悲欢离合总无情，一任阶前点滴到天明。"在他看来，读书就如同听阶前的点滴细雨，是一种韵味，是一种悠闲，是一种情致，更是一种乐趣。只不过是因为年龄的不同，读书的境界才有所不同罢了。

(3)也有人用充满禅机的语言来归纳读书的三重境界：

第一重境界是"看山是山，看水是水"，初读如少年涉世，所看的都是本原的世界。这个初级阅读阶段就是所谓的"被书所读"，属于阅读的"看热闹"层次。这种类似娱乐的境界，就是沉湎于书中内容，被书中的内容情节所吸引，为书中的人物命运而悲喜。

第二重境界是"看山不是山,看水不是水",再读如中年历经沧桑,恍然有悟,走过的山水都变成了人生的轨迹。这个阅读的中级水平跳出了"看热闹"的范畴,达到了"看门道"的境界。读者能够透过生动的故事情节、人物的悲欢离合,去理性思考、理解文章背后的意义和意图,能够看出书本之外的奥妙。

第三重境界是"看山还是山,看水还是水",三读如老年在夕阳下回首,那远方的山水都变成了心中的风景。超然物外,超脱了文章,超脱了作者,豁然开朗,达到了"看风月"的层次。读者能从更广阔的空间去阅读,达到了阅读上的自由,不受文章的限制,不受作者的左右,实现了阅读认识的自我,灵魂得到了实质性的升华。

还有人将禅宗的三重境界引到了读书之中:其一是"落叶满空山,何处寻芳迹",这个"寻",就是读书的上下求索和追问;其二是"空山无人,水流花开",这个"无",表明读书人已经从功利层次脱离出来,浑然忘物;其三是"万古长空,一朝风月",说明此时已经完成了对有限时空的超越,达到了长空明月、天人合一之境界。

(4)徐宗文先生更是将读书的三重境界概括为"为知、为己、为人"六个字。

为知,是指读书是为了积累知识,博学从而多才,增长自己的学问、见识和智慧。

为己,就是古人所说的修身、正己,培养自己的人格、道德和情操,"独善其身",练好"内功",提高自身的素质和修养,从而有益于身心。

为人,是指读书要"为黎民百姓""为天下苍生",志存高远、胸怀天下,即周恩来少年时的"为中华之崛起"而读书。

(5)有学者将读书分为三重境界:

第一重境界是"读作者",是一个"吞"的过程;

第二重境界是"认同感",是一个"啃"的过程;

第三重境界是"找问题",是一个"品"的过程。

(6)《秋叶:如何高效读懂一本书》中说,读书有四重境界:

第一重境界是看得懂别人的道理,并激发自己的阅读兴趣;

第二重境界是自己能照着讲出来,培养自己的阅读能力;

第三重境界是自己能有意识地去用;

第四重境界是能用自己的话总结出来,做到学以致用。

(7)读书有诗意,读书的层次更有诗境。读书,是一种生活方式,可以让生活富有诗意。在闲暇时光,手捧一本书,享受阅读带来的惬意,可以使生活更充实、更富诗意。

捧起一本书,我便可去掉世间的嘈杂,把心融进书里;捧起一本书,不需要太多的奢华,只要一片安静和一抹阳光,就足够让我享受一番。

因为,我知道,捧起一本书,便能品味人生的精彩和做人的真谛;捧起一本书,就是捧起一方理想世界。

"文章者,案上之山水;山水者,天地之文章。"书卷如同大千世界、千山万水,读书读到心领神会处,书中的一人一物仿佛都置身于我们的眼前。此时此刻,我们既为书中人的快乐而欣喜,也为其悲伤而落泪。正所谓"自拥书城掩关坐,不知门外有车尘"。

读书的第一境:"孤舟蓑笠翁,独钓寒江雪。"读书,须静心存真,守住心灵的宁静,耐住寂寞,甘于孤独,专心致志,聚精会神,心无旁骛。柳宗元诗云:"真源了无取,妄迹世所逐","淡然离言说,悟悦心自足"。春光明媚,小桥流水,一把椅子,一杯清茶,手捧一本书,清静优雅自显;冬夜寒冷,夜阑人静,万籁俱寂,一个人,一盏灯,手不释卷,幽静惬意立显。

读书的第二境:"采菊东篱下,悠然见南山。"读书不仅要坐下来,还要能读进去,沉醉于其中,废寝忘食,乐而忘忧。真可谓,"书人合一",阅读当下最佳,江山如此多娇,风景这边独好。

读书的第三境:"会当凌绝顶,一览众山小。"书籍记载了古今中外多少事,犹如巍峨的高山,绵延不尽。而我们读书到一定的程度,就会对事物的认识更深刻、更透彻,我们的心胸就会更宽阔、更博大。这是一种超越自我、超越现实、超然物外、"天人合一"的至高读书境界。

读书的第四境:"欲穷千里目,更上一层楼。"人生有限,学海无涯,山外有山,天外有天,读书永无止境。"千江有水千江月,万里无云万里天","路漫漫其修远兮,吾将上下而求索"。读书到最后,就会深感自己的渺小无奈和知识的博大精深。毕生学习,并把读书作为人生的内在需求和生活习惯,融入血液、骨髓、基因和灵魂中去,它就会成为我们生命的一部分。

(8)有人将读书归纳为"静、勤、省、悟、创"五重境界。

读书的第一重境界就是静。因为,静心读书,是一种态度,一种仪式,更是一种习惯。

读书的第二重境界就是勤。因为，勤才能厚积薄发，勤才能穿云破雾，看到别人看不到的风景。

读书的第三重境界就是省。因为，一个不懂得"内省"的人读书效率不会高，自然对读书也不会有很深的感情，常常学不深、走不远。

印度著名哲学家克里希那穆提在《一生的学习》中说，实现世界和平的唯一途径是人类心灵的转变。为此，我们每个人都应当自省其身，除此之外没有任何捷径可走，也没有任何大师或权威可以提供帮助。

读书的第四重境界就是悟。因为，只有通过感悟，才能改变我们的思想观念，促进我们生活方方面面的改变，让我们对人生和生命更有洞见。

读书的第五重境界就是创。因为，只要读书到达了"创新"的境界，并且为社会所认可，社会就会在物质和精神上给以回报。正如卡尔·马克思所说，只要你为社会作出了贡献，社会就会养活你。

(9)王国维在谈论读书的时候，曾经引用三句宋词来表述读书的三重境界，"独上高楼，望尽天涯路"；"衣带渐宽终不悔，为伊消得人憔悴"；"众里寻他千百度，蓦然回首，那人却在灯火阑珊处"。

著名翻译家林语堂先生的读书观更见读书人的真性情："什么才叫作真正的读书呢？这个问题很简单，一句话，兴味到时，拿起书本来读。或在暮春之夕，与你们的爱人，携手同行，共到野外读《离骚》，或在风雪之夜，靠炉围坐，哲学经济诗文史籍十数本，狼藉横陈于沙发之上，然后随意取之，取而读之，这才得了读书的兴味。"

(10)在《论语》中,孔子提出了读书的三重境界:知之、好之、乐之。他说:"知之者不如好之者,好之者不如乐之者。"

他还将读书治学与修身养性结合在一起,提出了另一个理论。其一云:学而时习之,不亦说乎?其二云:有朋自远方来,不亦说乎?其三云:人不知而不愠,不亦君子乎?

当然,也有人将"读完书"作为一种任务。所以,就出现了这样的阅读层次:许多人在"看"书,部分人在"翻"书,很少的人在"读"书。

读完一本书是真正的**读书人**。而能将一本书变成一句话或是一段话,能把书读薄的人一定是这个领域的专家。读完一本书后,通过自己的认知融入广阔天地,能把书读厚的则是大师。

(11)捧一本经典名著,读着读着,**渐开三境**:第一重境界就是达到忘形忘我,不再计较得失,不再流连于名利;第二重境界就是从书中悟出一些人生哲理,对"得"与"失"有了新的见解,如释重负,有一种豁然开朗之感;第三重境界就是从书中找到与自身相似的人物际遇,然后看作者是如何面对失意,并从中学到反败为胜的本领。

我想,一个真正的读书人应该具备以下三个特征:

第一,养成了读书的癖好;

第二,形成了自己的读书趣味;

第三,有较高的读书品位。

有人说,书籍是人类前行的金杖。我想,的确是如此。

第七章　读书前的准备工作

——理想的书籍，是智慧的钥匙。

卢梭说："每个人都是一座孤岛，可以决定自己的流放。遭遇风雨，心路不开，愁思就会绵长。直到有一天，撞见阳光。"

一个人的生命是有限的，所以成长最快的方法就是读书。因为，书籍是前人生活的经验教训，可以让我们受益良多，让我们事半功倍。

我想，这也是人类必须读书的重要原因。

然而，时至今日知识的发展和传承可以说已经有数千年之久了。经历了这么长的时间，人类写的书可以说浩如烟海、数不胜数了。那么，怎么读书、读什么样的书，自然就成了一个难题。因此，读书前的准备工作也就显得特别重要了。

《论语》中有这样一句话：工欲善其事，必先利其器。意思是说，要做好一件事情，前期的准备工作是非常重要的。

阅读同样是如此。

读书并不是拿起一本书就开始读，我们还需要做一些准备工作。"3W1H"是读书之前对自己必问的四个问题，不然就不知道如何处理阅读这个问题。

"3W1H"分别是指 Why——为什么要阅读,What——读什么书,Where——阅读的场所,How——如何阅读一本书。

有一点我们必须认识到:作为整体,人类从远古走来,朝未来而去;而作为个体,我们一方面向死而生,另一方面又学无止境。

正因如此,我们的求知欲往往是所有欲望中最强烈的一种。

梁实秋是著名的近当代散文家、学者、文学批评家和翻译家,国内第一个研究莎士比亚的权威,一生给中国文坛留下了两千多万字的著作。他曾经说过,即使活到一百岁,也无非三万六千五百天;倘使把这三万多天做成日历,每天撕一张,又当如何?

正因为人生苦短,所以如今的现状是,行万里路容易,读万卷书却很难。除了稚童和老弱时期,加上不期而遇的病痛和灾难,我们的"好日子"所剩不多。因此,读什么书其实是最为重要的。

另外,阅读是一种仪式。所以,我们必须做好准备工作,这个准备工作,主要包括心理准备和行为准备两部分。

一、心理准备

1. 读书一定要弄清目的

乱读书既不容易形成知识体系,也容易造成错误的思想。

读书的目的,决定了我们会选择什么样的书,也决定我们的读书态度,肯花多大的力气、多长的时间去读书。没有目的性的阅读,是一种"泛阅读",属于被动阅读,收益并不大。

要想快速高效地阅读，我们必须有强烈的目的意识。读书之前，我们要在获取资讯、获得知识、娱乐消遣三个读书目的中选择一个。

其实，在真正读一本书之前，我们早就开始读一本书了。

日常生活也是如此。如果没有目标，只是想去逛逛超市，我们可能逛了半天什么都没买到。如果有目标和任务，我们就会很快买到自己想要的东西。

2. 读书一定要积极主动

主动的学习态度必须是带着问题去读书，勤做笔记，努力思考，并养成适合个人的良好读书习惯。

知识改变命运，知识改变气度。学习应有严肃的态度和自觉的意识，因为学术水平的高低靠日常的积累，靠自身的努力。

3. 读书必须具备的条件是心要静，不可有太多的干扰

心绪稳定，精力集中，不为它事所羁绊，不为杂事所分神，怀着愉悦的心情，做好读书的心理和环境准备，并用欣赏的目光去研读，就能取得应有的读书成效。

清代文学家张潮在《幽梦影》一书中说："读经宜冬，其神专也；读史宜夏，其时久也；读诸子宜秋，其致别也；读诸集宜春，其机畅也。"也就是说，读书也需要天时地利人和，需要人书合一的心境。

清人朱焘在其《北窗呓唔》一书中也曾感慨："少年读经，其功专也；中年读史，其识广也；晚年读释典，其神静也。至若最无聊时读庄列诸子，不得已时读屈宋骚经，风雨时读李杜歌行，愁苦时读宋元词曲，醉中读齐谐志怪，病中读内景黄庭。"

二、行为准备

1. 要根据阅读目的确定书单

"开卷有益",但是,有时盲目开卷,未必有益。因为,书既然是药,就具备两种功能:一是良药,药到病除;二是毒药,置人于死地。

近朱者赤,近墨者黑。有人把书比作朋友。看好书,就是交好朋友;看不好的书,就是交坏朋友。

(1)一本好书对于读书人来说是多么的重要!

读书使人进步,读好书更使人充实。

我们应该将自己的灵魂寄托于一本好书:一本能够指引自己在黑暗中前行的好书;一本能够坚定自己生存意志的好书;一本能够沉淀自己内涵修养的好书;一本能够使自己由浮躁变为沉静的好书。

选择一本好书,从中感悟一种道理或滋养一份情感,并相信它能改变我们的人生,使自己与众不同。

法国著名作家居斯塔夫·福楼拜说:"阅读是为了活着。"我想,阅读不仅是为了活着,还应该是为了活得更体面、更高贵、更优雅、更美丽。

书不在多,理解深刻就行;价不在高,实用有益就行。朋友,请静下心来,去读几本有益的书吧!

遗憾的是,在当今社会,真正能将一本书读成自己的知识和智慧的人,少之又少。虽然许多人收集的信息的确很多,但始终不能形成自己的观点。

有位哲人曾经说过,**能够摄取必要营养的人,比吃得很多的人更健康。**读书不仅是一种令人愉快的爱好和兴趣,更是一种美德和信仰。

有人说,人生有三大幸运事。那就是,上学时遇到一位好老师,工作时遇到一位好师傅,成家时遇到一位好伴侣。生活中最不幸的事,就是由于身边缺乏积极进取的人,缺少远见卓识的人,自己的人生变得凡俗平庸、黯然失色。

有句话说得好,你是谁并不重要,重要的是你和谁在一起。古有"孟母三迁",足以说明和谁在一起的确很重要。这个"谁"既指周边的人和环境,也指所读的书。

法国思想家、文学家罗曼·罗兰说:"**和好书生活在一起,我永远都不会叹息。**"读好书,交高人,实乃人生的两大幸事。

如果想聪明,那就要和聪明的人在一起,自己才会更加睿智;如果想优秀,那就要和好书在一起,自己才会出类拔萃。

(2)读书的数量和质量哪一个更重要?

买书如山倒,看书如抽丝。书越买越多,但是真正看完的却没有多少,真正看懂的更是没有几本。这是什么原因呢? 美国管理大师马奇回答了这个问题,他认为,不理解因果联系的盲目模仿,是"**低智学习**",而深入理解因果联系的知识迁移,是"**高智学习**"。

另外,"书买回来,都要一本本读完,不读就是浪费",这个观点看似合理,实则是十分错误的。曾国藩曾经说过:"买书不可不多,而看书不可不知所择。韩退之为千古大儒,而自述所服膺之书不过数种。柳子厚自述所读书,亦不甚多。"

读书之前,对书的选择很重要。书不在于数量的多少,而在于质量,在于我们能够从书里吸收和悟出多少。

清代书画家、文学家郑板桥曾经写过这样一首诗:"读书数万卷,胸中无适主,便如暴富儿,颇为用钱苦。"他还说:"五经,二十一史,藏十二郭(指唐三藏的十二部经书),句句都读,便是呆子。汉魏六朝,三唐两宋诗人,家家都学,便是蠢材。"

古罗马著名政治家西塞罗曾经说过:"没有书籍的屋子,就像没有灵魂的躯体。"但美国政治家、物理学家本杰明·富兰克林告诫读书人:"在读书上,数量并不列于首要,重要的是书的品质与所引起的思索的程度。"

(3)如何去确定书单?

如果时间短,我们可以选一些短篇来阅读,目标是读一篇、悟一篇。如果时间长,就可以选读一些经典书籍,花点时间增长自己的智慧。

其实,买书的真正价值,在于如何把书里的知识占为己有,并为自己所用。

那么,如何去确定书单呢?

第一步当然是要明确阅读的目的;

第二步是根据阅读的兴趣确认主题,并列出适合自己主题的购书清单;

第三步是快速略读,从书名、副标题、序言、前言、目录、索引、出版社介绍这几个方面入手,判断这本书是否有必要去购买。

在真正要购书之前,我们还需要再次"确认"这本书是否值得购买。因为,第一,书可能是好书,但是不太适合当下的我们去阅读;第二,别人推荐的书,不一定都适合自己;第三,购书也需要循序渐进。

(4)如何去选择书籍?

有几个建议可供参考:最好亲自去书店买书,亲眼确认书的目录,然后再购买,而不是简单看网上的评论;最好去找与自己趣味相投的书店。另外,要妙用手机、网络和图书馆。

我自己则喜欢在手机上随时记录一些自己感兴趣的东西,喜欢利用网络来看一些别人对一个问题的认识,也喜欢就一个主题在图书馆里寻找自己想要的资料。

对于古书或翻译的作品,选择哪种版本则是非常重要的。对于古书,我们要先去了解这本书出现的时代背景。如果作者来自于不同语种或不熟悉的国家,还要去了解这本书写作的文化背景,包括作者为什么要选择这个主题? 有什么写作动机? 作品诞生的时代背景怎样?

要确保书籍和自己的环境背景相匹配。在选书的时候,要看看自己当下的情况,决定哪一类书或哪位作者可以帮助我们克服当前所面临的挑战。

柯里叶尔说:"书籍是幼年人的导师,是老年人的护士。在岑寂的时候,书籍使我们欢娱,远离一切的痛苦。"我相信,一本好书,必定是一个人最好的心灵伴侣。

楼宇烈先生认为,我们现在读书,如果从中国传统的图书分类来讲,那就是经史子集都要读一点。陈平原先生也认为,一要读一些没有实际功用的诗歌、小说、散文和戏剧等;二要关注那些与当下的生活血肉相连的现当代文学;三要有自己的生活体验做底色,不至于读死书、读书死。

易中天先生认为,读书如择偶,要学会选书,先须多读书,所谓"操千曲而后晓声,观千剑而后识器"。无独有偶,朱光潜先生也曾说过:"你玩索的作品愈多,种类愈复杂,风格愈纷歧,你的比较资料愈丰富,透视愈正确,你的鉴别力也就愈可靠。"

要知道,在这个世界上,总会有人和自己有类似的经历,总会有人把相似的感受和想法写下来。

在旅行度假时,我们可以看看所在地的名家著作;

应对悲伤时,可以读一读美国医生保罗·卡拉尼蒂的《当呼吸变成空气》;

感到死亡危机时,建议读一读古罗马帝国哲学家塞内卡的《论生命之短暂》;

应对逆境时,可以读一读哲学家皇帝马可·奥勒留的《沉思录》;

对工作和生活不满意时,应该读一读心理学家米哈里·契克森米哈的《心流》。

如果我们事先设定的读书目的是放松、休闲,手里拿的却是《论语》《周易》,就会出现厌烦心理。

如果我们在错误的时间和地点,选择了错误的书籍,读书就很难坚持,也不可能快乐。其实,我想,就书籍的选择而言,没有那么多的条条框框。

我们没必要跟风攀比,去阅读畅销书或经典书籍,但要重视那些经得起时间考验的书、能够激发自己兴趣的书、与自己的现状和生活合拍的书。另外,我们还可以关注阅读类的 APP,如微信读书和网站上的二手书店等。

2. 要知道阅读的入手之处

开始阅读一本新书的时候,我们就像遇到了一个素未谋面的陌生人,需要一个初步的了解。建议一般从以下三个地方入手:

一是**序言**,这是一本书的名片,归纳和凝缩了整本书的要点。

二是**目录**,它像一张地图,把整本书的所有内容,按照一定的结构展现在我们的面前。

三是**后记**,它是作者对全书的总结,通过阅读后记,我们可以加深与作者在情感上的连接。

周国平先生将自己读书的特点归纳为以下几点:第一个是"不务正业";第二个是"不走弯路,直奔大师";第三个是"不求甚解,为我所用"。

冯友兰先生也将自己的读书经验与方法总结为十二个字:"精其选、解其言、知其意、明其理"。

作家毕淑敏认为:读书的感觉有些像吃,像烈火烹油的满汉全席,为大享乐;有些像睡,读完名著仿佛从酣然梦幻中醒来,重又生机盎然;有些像搏斗,我们在较量中蓬勃了自我,迸发出从未有过的力量。

3. 要有一个自我约定

要根据自己的能力,在读书的完成时间上有一个自我约定。比如,在制定了读书的时间表之后,我们再按照自己的生活工作习惯,对整本书的内容制定分次、分时段的阅读任务。

马克思说过:"时间是人类发展的空间。"在现在社会里,时间比过去任何一个时代都更为宝贵。会不会管理时间,是判别一个人是否成熟、是否有职业生涯规划的重要标志之一。

一谈起读书,我们总是抱怨太忙而没有时间,但偏偏又能挤出时间去刷微博、看视频、发微信。所以,不是时间不够用,而是我们愿意把时间用在轻松的互联网活动中而不愿意用在"费脑子"的阅读上。

为什么会出现这样的现象?我想,这是因为:"读网"是一件轻松简单的事,我们可以一目十行,只需在脑子里过一遍,不一定要留下痕迹;而读书是一件深沉复杂的事,我们要用心用脑去理解、体会和感悟。

虽然我们都很忙,但也要挤出时间来阅读。我想,时间总是挤得出来的。鲁迅先生把时间比作海绵里的水,认为只要愿意挤,时间总会有的。所以,我们要注意,尽量减少耗在看电视、上网等方面的时间。

有人说过,**读书是无处不可、无时不可的**。于山中读书,可得其空灵;于海上读书,可得其辽阔;于花荫下读书,可得其馨香;于月夜里读书,可得其静谧。

汉代著名学者董遇提倡利用"三余"时间读书。他说:"**冬者岁之余,夜者日之余,雨者晴之余。**"意思是说,冬天,没有什么农活,这是一年之中的空余时间;夜间,天黑不能出去活动,这是一天之中的空余时间;雨天,不能下地劳作,这也是可利用的空余时间。当然,董遇所处的时代,与我们现代社会的生活环境和节奏有很大的差别,但董遇的"**三余读书法**"和他那种善于抓紧一切空余时间读书的精神,对于今天来说仍然是适用的。

我们应该保证在一段时期内集中注意力在一本书或一类书

上,如此坚持下去,才能将每一天读的内容连贯起来,由点成线,由线成面,由面成立体。

4.要带着问题去阅读

主动阅读的核心,是在阅读的过程中主动提出问题,经过思考和分析后,在书中找到相应的答案,这也是阅读一本书的价值所在。

林语堂说,读书不仅能够让我们掌握一定的专业技能,更重要的是,能从中看到解决各种各样人生问题的方向。

通过阅读,我们能够明白自己要什么,愿意朝着这个目标去努力。只有这样,人生才会有一个很清晰的规划,不再浑浑噩噩地混日子,从而对明天的自己多一份期待。就算最后没能活成自己想要的样子,但是看过沿途的风景,经历过美好的事情,人生也就不会有什么遗憾了。我想,这才是主动阅读的意义所在。

5.阅读后,做好读书笔记

这样做有以下几个好处:

一是可以使我们在阅读时保持清醒;

二是将思考的过程用语言表达出来;

三是能理清全书的逻辑框架;

四是将感想写下来,能帮助自己记住作者的思想。

如果说,阅读是读者与作者之间的对话,那么,读书笔记就是这种对话的证据。但有一点必须注意,在原书上做笔记时,书必须是自己购置的,不可在别人的书上或图书馆借来的书上留下痕迹。

日本读书笔记大师奥野宣之曾经说过,读书的基本目标是,读完每一本书后,都能有扎实的收获。想要取得这样的收获,比较好的方法就是,有技巧地做读书笔记,并坚持下去,直至养成一种长期的习惯。而这种日积月累的笔记和日记,最终会成为自己的专著。

做读书笔记的方法各种各样,主要可以分为两大类:

一类是在原书上做笔记;

一类是用专门的笔记本记录读书心得。

真正的读书,是要把好书内化成自己的东西。我们可以将其写成简书或心得,发到云端,与有缘的人分享。

在原书上做读书笔记可分为六步:

(1)第一次标记。在通读时,因为需要在最短的时间内完成对整本书的阅读,一般用下划线标出重要的部分。

(2)折角。将认为很值得再读的页面折起一个角,方便下一步的重点阅读。

(3)第二次标记。在分析阅读阶段,用波浪线标出非常重要的内容,并圈出重要的名词、关键词和关键句。

(4)再折角。在分析阅读过程中,认为某些被折页码的内容非常重要,也可以折起另一个页角,提醒自己要反复阅读。

(5)在书页的空白处,写出自己的问题、感想和评论。

(6)在书最前面的空白页上用一句话或几句话来叙述整本书的内容,并写出全书的整体架构,列出基本的大纲与前后章节的秩序。也可在书的最后空白页上写下个人的索引。

6.要有良好的阅读方法

诸葛亮读书"观其大略,不求甚解"。"观其大略"表明他能快速领悟书籍的主要内容;"不求甚解"表明他善于抓住书中的精髓。这说明诸葛亮不仅是一位政治家、军事家,也是一个读书高手。拿到一本书后,我们首先要确定使用哪种阅读方法,或哪几种阅读方法。

在《五柳先生传》一书中曾提到,陶渊明"好读书,不求甚解,每有会意,便欣然忘食"。陶渊明在读书时注意抓住重点,去繁就简并独立思考。实际上,他所追求的是"会意读书法",着重领会书中深含的旨意,而不死抠个别字句。

7.要设定规则,给自己鼓励和奖励

把读书的"未来反馈""未来回报",变成实实在在的、可及可感的即时性反馈和回报。要找一个爱读书的同事、同学或伴侣,互相鼓励、互相督促,这样才更有阅读的乐趣。

8.要事先评估自己的阅读能力

有什么样的能力就读什么样的书。读书不一定要读名著,有些名著的阅读需要一定的条件。例如但丁的《神曲》,里面掺杂着大量基督教的知识,如果对《圣经》不了解,知识量不够,就会出现"不会阅读"或"阅读障碍",很难坚持读下去。

三、读书姿势

在读书时,要求先坐好。头要正、肩要平、身要直、胸稍挺起,两肩自然下垂、双手平放在椅面上,两条小腿并拢,双脚平放在地面上。双手捧着书本,书本上端稍抬高、与桌面成45度角,头稍向前倾,这样容易看清字体,还能避免颈部肌肉紧张和疲劳。把书竖直或平放在桌上都是不正确的。

另外,要注意适当休息。读累了就站起来活动一下,比如抖抖腿、弯弯腰,不要让身体长时间保持一个固定的姿势。

正确的读书姿势对我们的身体健康有帮助,而一些不良的读书姿势,对身体的生长发育不利。

(1)中小学学生的骨骼正处于发育阶段,柔韧性非常好,但同时也非常容易受到"冲击"。在读书时如果坐姿不正确,久而久之,就很有可能造成骨骼的变形、眼睛的近视,并出现驼背或肌肉疲劳等症状。

如果一个学生没有保持正确的读书姿势,就很难具有良好的形象和气质,很难塑造体态美,从而影响将来的生活和工作。

(2)坐在马桶上看书,会使上厕所的时间延长,久而久之,容易患痔疮。

(3)趴在床上看书,重心在肘关节和两个胳膊上,时间长了,有损身体健康。而且趴着看书,眼睛和书本的距离过近,容易患近视。

(4)躺在沙发上或床上看书,思想容易放松,身体容易疲惫,而且也容易对眼睛造成伤害。

(5)坐在火车、汽车、地铁、轮船、公交车或飞机上看书,如果交通工具颠簸厉害,晃来晃去,眼睛肌肉不断地进行调节,对眼睛伤害最大。此时,用耳朵听别人朗读是一个不错的选择(目前市面上有许多听读类 APP,如懒人听书、喜马拉雅听书等)。

(6)用手机看书,低头时间长了,就容易患颈椎病。而且,一边走路一边看书,容易出现安全问题。

第八章 阅读技巧与阅读艺术

——阅读与艺术是人性与美感的伟大启蒙。

　　达尔文说过："一切知识中最有价值的，是关于学习方法的知识。"

　　爱因斯坦也说过："成功＝艰苦的劳动＋正确的学习方法＋少说空话。"

　　对于 21 世纪的青年人来说，最重要的不是已经学了多少知识，而在于是否掌握了适合自己的高效能学习方法。

　　读书不是一件苦差事。如果能做好学习过程中的每一件事，你就会发现："学习，是一块馍，你能嚼出它的香味来。"

　　我想，不去读书就不会有真正的教养，同时也不可能有什么鉴别力。

　　海伦·凯勒是美国著名的女作家、教育家、慈善家、社会活动家。在出生后的第 19 个月，她因患病失去了视力和听力。1899 年 6 月她考入哈佛大学拉德克利夫女子学院。1968 年 6 月 1 日逝世，享年 88 岁。她一直致力于为残疾人造福，建立了许多慈善机构。1964 年荣获"总统自由勋章"，次年入选美国

《时代周刊》"20世纪美国十大偶像"之一。

海伦·凯勒把自己一天的学习分成四个步骤：

(1)每天用3个小时自学；

(2)用2个小时默记所学的知识；

(3)再用1个小时将自己用3个小时所学的知识默写下来；

(4)剩下的时间里,她运用学过的知识练习写作。

在学习与记忆的过程中,她只有一个信念,就是一定要把自己所学的知识记下来,使自己成为一个有用的人。

她每天坚持学习10个小时以上。长时间的刻苦学习,不屈不挠的信念,使她掌握了大量的知识,能熟练地背诵大量的诗词和名著的精彩片段。

到后来,一本20万字的书,她用9个小时就能读完,并能记忆下来,说出每个章节的大意,还能把书中精彩的句、段、章节和自己对文章的独到见解在2小时之内写出来。海伦的记忆力已经大大超过了普通正常人的水平。

据说,在哈佛大学读书的一个博士生听到海伦·凯勒的事迹后,很不服气,决定要和她比试一下。在严格的时间限定和教员的监督之下,他们进行了三轮比赛,结果这个博士生输了。于是,他摘下博士帽,恭恭敬敬地戴在海伦的头上,表示对她的敬佩。

经过学习,海伦突破了识字关、语言关、写作关,先后学会了英、法、德、拉丁、希腊5种语言。她出版了14本著作,其中最著名的有《假如给我三天光明》《我的生活故事》《石墙故事》等,受到了社会各界的赞扬与夸奖。

中国科普作家高士其在介绍自学方法时说:"学习的东西,

一回见生,二回见熟,三回就成为朋友。"

海伦·凯勒是一个自学成才的典范,而自学对于学生来说的确有很多好处。一可以培养自己主动学习的习惯;二可以提高自己的自学能力;三可以自己决定学习内容、学习时间、学习进度和难易程度;四可以更好地理解知识。

著名书评人李公明先生曾经说过:"阅读与欣赏艺术,使我们学会关心价值,唤起对人类精神价值创造的惊讶感、崇敬感和敬畏感,帮助我们理解人性和人的尊严。"

读书不仅可以陶冶我们的情操,丰富我们的语言,还可以增长我们的见识和阅历。读书可以使我们的精神领域更上一层楼,使我们的生活变得更加丰富多彩、充实舒适。

然而,在互联网时代,信息爆炸,知识更新加快,人们需要读的书越来越多。在这样的背景下,掌握阅读技巧与方法,提高阅读效率,就显得非常有必要。

阅读方法是理解读物内容,从中接受信息所采用的手段或途径,包括泛读、精读、通读、跳读、速读、略读、再读、写读、序例读、选读等。根据阅读内容和种类的不同,阅读分析的方法也各异:

(1)综合类阅读法:有朗读、默读、精读、略读、速读等;

(2)分项类阅读法:有解词释句法、文章结构分析法、文章中心思想归纳法等;

(3)与思维方法相结合的阅读法:有分析、综合、比较、概括、归纳和演绎阅读法等;

(4)阅读笔记的方法:有划重点写标题、编写读书提纲、写读后感及读书心得等;

(5)按文体阅读的方法:有散文阅读法、小说阅读法、诗歌阅读法、剧本阅读法、科技文献阅读法等。

一、孔子的经典阅读方法

孔子认为,人生在世,时时处处应好学不倦,方有长进。而总体来说,少年时的读书尤为重要。他说:"少而不学,长而无能。"也就是我们现在所说的"少壮不努力,老大徒伤悲"的意思。

有一次孔子病了,他的学生商瞿为他占卜,占得的结果竟然是孔子中午就要去世。在得知自己即将离开人世之际,孔子竟然说:"拿书来,死亡之前不读书又能干什么事呢?"孔子在临死之际,还念念不忘读书,确确实实应该成为百世读书人的楷模。

近代著名学者胡朴安说:"千古读书方法之善,当首推孔子。"孔子作为我国古代的大思想家、教育家,不仅勤于学习,而且善于学习。他自创的"四个结合读书法",值得我们好好学习和珍藏。

1. 学与思相结合

孔子说:"学而不思则罔,思而不学则殆。"他认为,只读书而不思考,就会迷茫无所得;思考了而不努力读书,就会停滞不前。

如果我们仅仅是将知识不断地强记到大脑中而不去思考,所获得的知识就不会生根,读完就会忘记。我想,读书贪快的弊端也源于此。单纯思考而不学习,则容易陷入空想的境地。

清朝有一个叫焦循的读书人,据说"天资极钝",甚至有人认为他是一个弱智儿。可是,他后来却成为著作等身的数学家、哲学家、天文家和戏曲理论家。他靠的是什么?我想,靠的就是

"精思存想"。他说:"有不达,则思。""学有辍时,而思无辍时。"而且,"食时、衣时、寝时、栉沐时、便溺时、凡不能学时,皆好学而思之"。

郑板桥也曾说过:"思之,思之,鬼神通之。"足见在学习过程中精思的重要性。要知道,智力的核心是思维而不是知识。一个人智力的高低,90%取决于思维技能的高低和以何种思维方式进行思考,只有10%取决于知识的拥有量。

学与思,就像是口腔咀嚼食物和胃肠道消化食物的过程。咀嚼得越烂,则胃肠道消化起来就越不费力。梁启超所说的"强记不如善悟",也就是这个意思。

"知(智)者不惑",由学而思,由思而行,儒家的智慧在很大程度上表现为反思和内省。

于是,就有了儒家的"九思"之勉:"视思明,听思聪,色思温,貌思恭,言思忠,事思敬,疑思问,忿思难,见得思义。"孔子认为,能日有三省者当为"君子"。

于是,就有了更有意思的事,孔子的嫡孙字"子思",是儒学的一代"述圣",承上启下,光大传统国学。子思的《中庸》说:"博学之,审问之,慎思之,明辨之,笃行之。"

2. 学与问相结合

学生根,思开花。一学一乾坤,一问一世界。孔子提倡"切问""每事问"。孔子认为,学习一定要谦虚。他说过:"我非生而知之者,好古,敏以求之者也。"意思是说,我不是天生就知道这些东西的,而是喜好古代文化,并以敏锐和全神贯注的精神而追求到的。

孔子还提倡一个人在学习中要多问多听,不懂千万不要装懂。不论什么人,只要他在某一方面有专长,就应该虚心向他求教。他曾说:"三人行,必有我师焉。择其善者而从之,其不善者而改之。"

人们常把有知识说成"有学问",这是很有道理的。因为,知识是学来的,也是问来的。"问"常常是打开知识殿堂的金钥匙,是通向成功之门的铺路石。

波兰伟大的天文学家哥白尼,小时候就非常喜欢问。他对世界充满了好奇,经常缠着爸爸妈妈问这问那:太阳为什么总是从东方升起,从西方落下?晴朗的夜空有那么多星星,为什么到了白天却无影无踪了?小鸡为什么是从鸡蛋里孵出来,而不是从母鸡的肚子里生出来?……哥白尼对科学奥秘的不懈探求,正是从这些稀奇古怪的"为什么"开始的。

北宋有个叫沈括的大科学家。他小时候读到白居易的诗《大林寺桃花》:"人间四月芳菲尽,山寺桃花始盛开。"他想:为什么同是桃花,开花的时间相差这么远呢?他就去问妈妈,妈妈说:"兴许是花开花落,有早有迟吧!"妈妈的回答没能解开沈括的疑团,他仍然把这个问题放在心上。有一次,他随大人到深山的寺庙里去,发现那里的温度要比山下低得多,才明白了其中的道理。

学问学问,既要学又要问。学与问是相辅相成的,只有在学中问,在问中学,才能求得真知。

3. 学与习相结合

孔子以其读书治学的切身感受,提出了"学而时习之"的学习方法,要求我们经常去温习学过的知识,以增加记忆、加深理解。

先有学,后有习。学就是学知识、学技能,习就是用学到的知识和技能去解决问题,或去温习之前所学的内容,这是一个互补提升的过程。

学习学习,既要学又要习,学与习是相辅相成的。

4. 学与行相结合

孔子说:"行有余力,则以学文。"意思是说,在履行"孝、悌、忠、信、礼、义、廉、耻"道德行为之余,还要学习文化典籍。孔子还强调要"勤于思、敏于行、讷于言"。

儒家所追求的精神不朽,就是要"立业而立人"。"太上有立德,其次有立功,其次有立言。"

"立"的前提是"学",学的提升是"思",思的跃迁是"行",行的反哺是"知"。这一学理到了明代大儒王阳明那里,就凝聚成了四字真谛——"知行合一"。

二、常用的阅读方法

世界上没有正确的读书方法,只有合适的读书方法。每一个人也不可只会一种读书方法,针对不同的书籍,每个人的读书方法也要有所调整。

文学家苏轼是北宋中期的文坛领袖,在诗、词、散文、书、画等方面都取得了很高的成就。他有一种"各个击破读书法",也叫"八面受敌读书法"。他认为:一本书每读一遍,只要理解和消化一个问题就行了;一遍又一遍地读,就能达到事事精通。一本书的内容很丰富,而人的精力有限,不可能一下子全部吸收,只能集中注意力了解某一个方面。例如,想探究历代兴亡治乱的原因,那么就从这个角度去读;要探究史实典故,就换另一个角度,再读一遍。这个方法虽然有些笨,但这样读过之后,各个方面都会有所收获。

中国现代思想家、理学家马一浮对读书方法亦有精辟的概括。他认为,读书之道,约而言之,有四门:一曰通而不局;二曰精而不杂;三曰密而不烦;四曰专而不固。四种读书法,实则解决了博与专、义理与细节、简与繁、中心与边缘等问题。他对此有一个解释,"不局不杂,知类也;不烦不固,知要也。类者,辩其流别,博之事也;要者,综其指归,约之事也。读书之道尽于此也"。

他认为,读书之终极目的在于明理践性、成就圣贤人格。而关于读书之目的,马一浮以为,读书当求明理,更贵在养德。

著名数学家华罗庚读书的方法也与众不同。他拿到一本书,不是翻开书从头至尾读一遍,而是对着书思考一会,然后闭目静思。他会猜想一下书的谋篇布局,斟酌完毕后再打开书。如果作者的思路与自己猜想的完全一致,他就不再读了。华罗庚这种"猜读法"不仅节省了读书时间,而且培养了自己的思维力和想象力,不至于使自己沦为书的奴隶。

常见的读书方法包括以下几种:

1. 信息式阅读法

其目的只是为了了解情况。我们阅读报纸、广告、说明书等属于这种阅读方法。读者应该使用"一目十行"的浏览式速读法,像电子扫描一样快速浏览文字,及时捕捉自己所需要的内容,舍弃无关或对自己无用的部分。

阅读包括浏览,但浏览并不等于阅读,更不等于苦读、攻读、精读。信息也不等于学问,更不等于见识、智慧与品质。

科学技术的飞速发展,使人们获取信息日益便捷化、舒适化、海量化,但浏览器的发达,往往会造成信息获取的平面化、八卦化、消费化、垃圾化,最终导致"白痴化"。

2. 文学作品阅读法

文学作品有故事情节,也有修辞和韵律上的意义。因此,我们在阅读时应该放慢速度,以使自己能听到书中每一个词的声音,尤其是散文和诗词。其目的是领会艺术形象的精神境界,与艺术形象进行精神交融,并对作品的语言运用、情节安排等艺术特色,以及作品的思想感情倾向形成自己的体验和感悟。

3. 经典著作阅读法

用来精研式阅读哲学、经济、军事和古典著作。阅读这些著作要像读文学作品一样缓慢,但读者的眼睛要经常离开书本,要细细品味和思考书中的一字一句,捕捉作者的写作意图,从而理解其中的深奥哲理。

当下的心灵鸡汤有其自身的特点,那就是大众化口味、励志化包装、快餐式文本,无须我们多动头脑就可大快朵颐。所以,千万别让这些所谓的畅销书滞涨了我们的人生。因为,一味看这些心灵鸡汤,就不是我们读书了,而是我们被书读了。

《弟子规》只有短短的 1080 个字,但如果我们能够按要求把里面讲的 113 件事情做好,那也是一件了不起的事啊!

阅读古代典籍要根据自己的阅读水平和理解程度来选择,

还要带着兴趣去认识和理解。在开始的时候,我们可以阅读一些文白对照、有注解的书籍。一般来说,学习古代典籍需要阅读一些原文。但是,对于初学者来说,阅读那些繁体字的书籍,可能会减少这方面的兴趣和热情。

对于有一定认知度的我们来说,应该看一些稍微高深一点、需要费点劲的好书。因为,这些书虽然不太迎合大众的胃口,但既有高度也有深度,集中了光照与穿透的能力,能够照亮我们的生活。

阅读是一种孤独。但是,它是一种"高贵的坚持",是一种能照亮心路的对话。

我们还要多看点历史和哲学类的书籍。有一句话叫作"学史明理,温故知新",还有一句话叫作"以铜为鉴,可以正衣冠;以人为鉴,可以明得失;以史为鉴,可以知兴替",懂得了历史就知道今天该怎么做了,懂得了哲学就知道明天会到哪里去。

4. 麻醉式阅读法

其目的只是为了消遣。读者如同服了麻醉品,几乎忘却了自己的存在,对自己的经历和感受不感兴趣,把自己完全置身于书本之内,飘飘然于无限的幻想之中。

在阅读过程中,重点应突出速度,可采用浏览、跳读等方式。如果说这种阅读方法能有一点收获的话,那就是身心得到了放松,在不知不觉中开阔了视野,增长了见识。但要引起注意的是,读名著经典时千万不要用麻醉式阅读法,否则会把不朽的名著降到庸俗作品的水平。

《朱子读书法》中说,朱熹读书的目的非常明确,就是穷理,通过致精,最后达到著书立说的志向。后来,朱熹的学生把他关于读书方面的训导,概括归纳出六条要求,即:循序渐进、量力而行;熟读精思、巩固创造;虚心涵泳、有容乃大;切己体察、体验反思;着紧用力、勤奋向学;居敬持志、志存高远。

5. 移动式阅读法与碎片化阅读法

移动阅读是指人们使用基于移动互联网的数码终端,如手机、电子书、平板电脑等进行阅读。阅读的内容包括数字化的书籍、报刊、博客微博和视频等。目前,我国的移动阅读时间占所有读书时间的三分之二。上下班路上成为移动阅读的高峰期,人们还喜欢在床上、沙发上、洗手间、交通工具上进行阅读。

这种新型阅读具有移动性、便携性、互动性、贴身性等优势,满足了信息时代民众在碎片化时间里阅读的需要,使得用手机进行移动阅读得到了认可和追捧。

碎片化、快餐式和随意性的移动阅读,属于浅阅读,不可能很深入的。更何况,相当多的这种读屏阅读发生在嘈杂的环境中(如地铁里),它缺乏自省的情境。

碎片化阅读的"优势性"表现在以下三个方面:一是能让阅读变得更为灵活、迅速和轻松;二是能让阅读变成一件轻松愉悦的事情,没有仪式感,无须冗长,乘兴而来,尽兴而去;三是能让信息获取更加便捷、及时,使不出门而知天下事成为一种可能。

从这个角度出发,碎片化阅读是全民阅读的盛宴和叙事的狂欢,代表着一种信息传播和获得的趋势,体现了这个时代的特征,但也有不少弊端。

碎片化阅读的"碎片性"体现在以下三个方面:一是阅读者浏览信息所用时间的零碎性;二是阅读者信息摄取的松散性、断续性;三是接受信息的终端其本身播报信息的碎片性,追求热闹、喧哗胜过追求系统和深刻。

智能手机虽然信息量很大,但只能作为一种工具,代替不了传统的读书方式。因为纸质的书籍有质感,有书香气,能让人很快进入读书的状态。而且,品读一本书可以让人安静下来,犹如走在字里行间,可以走进书中的情节,走进作者的心境。

这是一个网络信息化时代,"读网""读屏"已经成了很多人的习惯。现代人的生活离不开智能手机和电脑,每天都可谓是如履"屏"地。网络固然能给生活带来种种便捷与趣味,然而,如果将大量的时间倾注在虚拟空间,内心就容易浮躁不安,难以沉静。

与眼花缭乱的社交网络相比,读书不仅能够使人远离纷扰的环境,保持内心的安宁,而且,读书可以使人感受世界,体悟人生,获得启迪。

因此,"读网""读屏"是当下的时髦,但我们更要读书。

6. SQ4R 阅读法

阅读一章或一节后,到底我们能记住多少内容? 如果答案是"没记住"或"没记住多少",那么可以试试 SQ4R 阅读法。

SQ4R 指的是浏览(survey)、提问(question)、阅读(read)、复述(recite)、联想(reflect)和复习(review)。

S=浏览:在开始阅读前,应大概翻一下全文,看看标题、插图和文字说明、章内的小结等。

Q=提问:阅读时,要从每一个标题中引出一个或几个问题来,有助于我们有目的地阅读。

R1=阅读:SQ4R 中的第一个 R 代表阅读。在阅读过程中,要试着找出所提问题的答案,要一点一点地啃,一小节一小节地读。

R2=复述:读一小节后,应停下来复述一下读过的内容,并试着回答自己所提的问题。另外,最好要做简要的笔记,总结出所学的内容和中心思想。

R3=联想:在阅读时,应该把那些新的事实、术语和概念与自己个人的经历、当下的生活联系在一起。这是 SQ4R 阅读法中最重要的步骤。

R4=复习:读完一章或一段之后,需要返回来简略地看一下所学的内容或学习笔记。然后再进行复述和做小测验,检查一下自己的记忆和掌握情况。在学习过程中,要经常停下来,以便去思考、提问、复述、联想和复习,这样才能消化所获得的信息。

早期，美国爱荷华大学的罗宾逊提出了SQ3R阅读法，是英语survey、question、read、recite和review五个词的首字母，分别代表"浏览、提问、阅读、复述、复习"五个学习阶段。后来托马斯和罗宾逊在SQ3R阅读法的基础上提出了PQ4R阅读法。P是preview（预览）的首字母。PQ4R阅读法的核心特征也是提出和解答问题。

明末清初学者顾炎武也很会读书，他自创了"三读读书法"，即"复读法""抄读法""游戏法"。他给自己规定：每年春秋两季，分别复习冬夏两季所读的书，即半年读书，半年复习，把阅读和复习交叉进行，有效地增强了记忆力。在每次复习时，他会请别人朗读一本书，他边听边默记。如果发现自己默记的与朗读的有出入，他就会马上查书，立即纠正，再复读几遍。顾炎武的这种学习方法，既动口、动耳，又动手、动脑，大大地提高了读书的效率。

著名画家丰子恺也主张"重复读书法"。他在读书时，每读完一个章节总要复习一遍，读到第三个章节，还要把前面两个部分再复习一遍。如此反复地读，反复地温习，不厌其烦，一丝不苟。

"温故而知新"，越是经典的书籍，越值得读第二遍、第三遍。

第一遍要概读：通过工具书，弄清生僻字的发音、含义，以及原文的断句、章节之间的逻辑关系等等。

第二遍要细读：认真理解原文的含义、主旨思想，以及整本书的框架和结构。

第三遍要深读：了解书籍所处的时代背景、思想的由来，以及现实意义等。

7. 3Q 阅读法

3Q 阅读法就是围绕以下三个问题的展开的：

复述(repeat)：作者到底想表达什么意思？

连接(connect)：作者讲的和我之前的认知有什么关联？

应用(apply)：我可以做点什么吗？

这三个问题的首字母缩写是 RCA，所以也可以称为RCA阅读法。一般来说，一本书读完，这三个层层递进的问题解答了，我们至少会有些实实在在的收获。

3Q 阅读法可以分为四个步骤：

明确问题：要弄清楚为什么要提出这三个问题。

翻看阅读：不是从头到尾逐字逐字地匀速阅读，而是以问题为导向进行阅读。这样就会清楚哪段应该精读，哪段应该粗读，就可以加快阅读速度，且收获良多。

找到答案：通过做笔记、画重点等方法，找到以上三个问题的答案。

应用践行：阅读最大的收获莫过于改变自己的行为，甚至是改变自己的习惯。

8. 流水式阅读法与呼吸式阅读法

读一本书，只为遇见一行字，遇见一个人。

要像听音乐那样读书，不为整个乐章，只为那一串震撼人心的最强音。

我也并不希望读每本书都要记住 100％ 的内容，而只要邂逅那 1％ 的精华。

日本人印南敦史倡导"流水式阅读"，反对单一的"存储式阅读"。他认为,要让书的内容从心中"流过",这便是读书的意义。

"流水不腐。"印南敦史认为,读书如流水一般,只有流动,才不至于堆积和堵塞,才不易受侵蚀和腐朽。

印南敦史在《快速阅读术》一书中提倡"一行采集,一行精华,一行评论"的读书方法,即呼吸式阅读。

一行采集,就是记录令人心动的段落;

一行精华,就是采撷最精彩的一行文字;

一行评论,就是回味重要段落,撰写一行读后感。

先吸后呼,就是先读后写。"吸"是吸入,是读取、摘录、记忆,并内化成自己的思想;"呼"是呼出,是感悟、写读后感、创作,并外化成可以引导别人成长的经验。

奥野宣之在《如何有效阅读一本书》中提到了一种"**葱鲔火锅式读书法**",就是将"摘抄"和"评价"作为同样重要的"食材"进行融合的一种读书笔记法。

"葱鲔火锅"=葱+鱼肉;

"葱鲔火锅式"笔记=摘抄+评论。

奥野宣之认为,这种笔记法可以提高阅读效率,让读书之路有迹可循。"葱鲔火锅式读书法"的要点包括以下几点:

(1)写读书笔记的日期;

(2)书名;

(3)作者名字;

(4)摘抄:对自己来说重要的内容;

(5)评论:自己对这篇文章的感想。

9. 批判性阅读法

读者主动参与和作者的内心对话,这是一个对读者参与度要求极高的阅读模式。因为,就其本质而言,阅读就是去理解一种与自己不同的立场。

林语堂说:"世上无人人必读的书,只有在某时某地,某种环境,和生命中的某个时期必读的书。我认为读书和婚姻一样,是命运注定的或阴阳注定的。"

尼采也说过:"读书就是沿着作者的脚印去看沿途的风景。"

朱熹说过一段很有哲理性的话:"读书,始读,未知有疑;其次,则渐渐有疑;中则节节是疑。过了这一番,疑渐渐释,以至融会贯通,都无所疑,方始是学。"

批判性阅读不仅要求我们主动去发现书中的假定、关键词、理由、支持性的例证、类似的经验、含义和结论,以及任何其他的结构性特征,更要对其加以准确而公允的解释和评估。

批判性阅读的内涵包括两方面:一方面是指对文本内容和形式的反驳与修正,另一方面是指对文本内容和形式的肯定和补充。批判性阅读的主要目标是张扬个性,训练并建立批判性思维。其主要的阅读方法为精读法,阅读的速度要求每分钟读250字左右、理解率为90%以上。

批判性阅读可以分为四个阶段:

(1)略读了解大体内容;

(2)克服偏见与障碍;

(3)精读书中的精华;

(4)以客观的立场进行表达。

批判性阅读这种主动的、积极的阅读,是考核一个人学习能力的指标之一。这种阅读法对于学生有效地阅读起着至关重要的作用。

10．语文阅读法

包括参读、美读、比读、议读、笔读五种阅读方法。

(1)**参读**即参考阅读：讲解与原著内容有关的背景知识，为读者指引进入原著氛围的路径。

(2)**美读**即审美阅读：是对原著中最精彩的篇章进行全面而细致的点评、分析和评论。

(3)**比读**即比较阅读：把同一作者的作品或不同作者的类似作品放在一起，从不同的角度进行比较和分析，使读者在内容和艺术风格上都获得感性或理性的体会。

(4)**议读**即议论阅读：把作品中易导致歧解的内容进行综述，然后从不同的角度加以提示，促使读者进行思考，提出自己的见解。

(5)**笔读**即笔头阅读：在经过前述四种阅读过程之后，读者将自己的体会和看法诉诸笔端，如写一篇读后感等。

11．拆书阅读法

赵周在《这样读书就够了》一书中提出了成年人阅读的三大核心难题：

(1)**没时间，没精力**——工作消耗了大量的时间和精力，已经没有多余的能量来主动阅读。

(2)**看不懂，记不住**——总以为阅读一定要以书为重点，忽略了自我这个重中之重。

(3)**看不下去**——看了一段时间就觉得这本书好像没什么作用，然后就不看了。

他还提出了应对上述三个问题的"拆书读书法"，即把知识拆解成自己能力的读书方法。

(1)不必读完整本书,更不必担心记不住,能用上一点就值回百倍书价;

(2)读任何一本30元钱的实用类图书,都能达到3万元钱培训的效果;

(3)凡是不能联系实际和自身经验的阅读,都不能称之为成年人的读书,凡是不能改变行为的学习都是一种极大的浪费。

12. 撕书或剪书阅读法

我的读书方法是撕书,以至于我的书柜里很少有完整的书,大多是分门别类的文件夹,里面都是画了线、作了批注的书页和笔记。我的这种撕书法是向我国台湾著名作家、评论家、历史学家李敖学来的。

李敖在读书的时候,不仅是眼在动,手也不闲着,桌边随时备着剪刀和美工刀。这一段看着不错,对自己有用,就用剪刀毫不留情地剪下来,贴到自己相应的笔记中。长此以往,他整理出了上千个文件夹。这样的结果往往是,一本书读完,也就被他"五马分尸"了。他把这种剪书的方法叫作"大卸八块读书法"。当他每次写作的时候,如果需要用到相关的资料,他就抽取相应的文件夹,这样,文章就很轻松地写出来了。

13. 其他

先易后难阅读法:每个人的阅读水平,特别是阅读古籍的水平都是不同的。应根据自己的阅读水平的高低,选择阅读相应的书籍。部分书籍有原文和译文,可以先通读一遍译文,对书籍有个整体的把握,然后再去读原文。经典著作的选择应从容易的开始、从感兴趣的开始。

分享阅读法：读完一本经典书籍，能够讲解里面的故事，背诵部分经典段落、文章，与别人分享经典的内容和心得。

强记阅读法：在强记的过程中，思想和精神高度集中，容易擦出思想的火花，阅读的效果也比较好。

探究阅读法：阅读经典时，应带着怀疑的眼光去阅读，还应查询同时期的历史资料去佐证书中的内容。这已不是简单的阅读，而是做学问、做研究，是读书的最高境，对读书人的要求也最高。

三、常见的错误阅读方法

国民读书存在两大问题：一是爱读书的人太少了；二是会读书的人更少，甚至有相当一部分人读书读傻了。读书的好处虽然很多，但在喜欢读书的同时，也应该正确把握读书的方法和态度。

死读书的人必定会走进死胡同。古人云："两耳不闻窗外事，一心只读圣贤书。"其实，如果我们"只读圣贤书"而"不闻窗外事"，如果我们还以为只有书中才有"黄金屋"和"颜如玉"，而屏蔽书籍以外的世界，就必然会导致知识面的狭窄与单一。

要知道，书籍只是获取信息的渠道之一，而不是唯一。实地调查、现场观摩、面对面交流、头脑风暴等等，都是我们获取信息的重要途径。

英国哲学家罗素认为，"有经验而无学问"一定胜过"有学问而无经验"。中国古人也提倡读书声要入耳、天下事要关心。既要读书，也要"经历"，否则，"纸上谈兵""一叶蔽目，不见泰山"的现象会层出不穷。

要明白,很多时候知识并不等于智慧,知识也不等于常识。如果一个人对唐诗宋词信手拈来,这是知识。但智慧是在掌握知识的基础之上,对知识进行思考、分析和整合,继而形成自己独特的见解、审美的能力和正确的判断力。

智慧是知识凝结的宝石,是知识的升华。**知识是死的,智慧才是活的;知识是一种学,智慧是一种悟。**

"万般皆下品,唯有读书高","学成文武艺,货与帝王家",这种将读书视为一种高利润、高回报投资的想法,在当下多元化的时代不会有很大的市场。但是,在一个"大众创业、万众创新"的新时代,读书与不读书的差别,更近乎人生选择、职业追求、个人志向的不同,而无关权力的大小、身份的高低和财富的多寡。

贾平凹说过这样一句话:**"不要以为读书是最崇高的事情,如果脱离了生活只是纯粹读书,还不如去路边卖油条。"**

高效利用碎片化的时间,高效汲取书中的知识和营养,高效运用所学的经验和教训,可以让我们快速成长,使人生更加灿烂,使生命更加多彩。

正确的读书方法应当是理解后加以消化,消化后加以吸收,吸收后加以应用,知行合一,融会贯通,将书本落脚于实际生活。所以,我们要摒弃下列一些错误的读书方法:

(1)阅读无方向性、目的性,没有详细的计划,不知道该读什么、为什么读、读完以后可以得到什么,全凭一时兴趣。

这些人盲目复制书单,读书太过随性,不知道如何选择适合自己的书。别人推荐什么就读什么,拿到什么就读什么,只求数量,不求质量。有时候又缺乏自控力,在娱乐性阅读上耗费过多的时间。这样造成的后果是：有的人貌似看了很多书，但又没学到什么东西，仅仅是满足了自己的虚荣心和优越感罢了。

调查显示，有近 80％的人会将青春言情、网络小说和武侠玄幻小说作为阅读的主要对象。

有的人拿到一本书根本不去看目录。要知道，很多时候，在阅读完目录以后，就可以决定是否要买下这本书或仔细阅读这本书。

我想，为读书而读书，为数量而数量，为任务而任务，这样的读书并非越多越好。

我们千万不要忘记，阅读的初衷是提升自己，阅读的初心是丰富自身。如果把阅读变成了一种攀比和追求的游戏，就会陷入一种"自我满足、自我虚荣、自我优越"的恶性循环之中。

而真正的高效阅读应该是令人愉悦的，让人快乐的。死板地制定读书任务和阅读清单，只会让我们倍感痛苦，甚至会在内心深处开始厌恶读书。

著名数学家陈景润曾经说过，学习要有三心：一是信心；二是决心；三是恒心。

事实上，读书从来不是单纯去追求速度和数量。一周读完一本书，如果是娱乐消遣类书籍，是完全有可能的，也是完全可以的。但如果是需要去深度理解和学习的书籍，时间可能是远远不够的。有的时候，只有把速度慢下来，把功利心去掉，净心静气，慢咀细嚼，我们的收获才会更大。

（2）一旦遇到不懂的内容，就立即开始翻阅工具书。

任何事情都讲究一鼓作气、再而衰、三而竭，读书也不例外。阅读一本好书，遇到不认识的字、不懂的表达，完全可以跳读过去,这不会影响我们对整本书的理解。

(3)读书不思考,大脑不清醒,阅读缺少深度,导致阅读的效果大打折扣。

调查显示,仅有 35% 的学生在阅读时会主动思考,另有 35% 的学生只是粗略浏览,读完后印象淡薄,收获寥寥无几。

孔子说:"学而不思则罔,思而不学则殆。"思考是消化阅读内容的重要手段,缺少了这一环节,就会使读书的努力付诸东流,也会使读书的效果大打折扣。

(4)没有将阅读变成一种习惯。

调查显示,在学生的课外或成年人的业余时间,选择阅读的人仅占 21%,而看电视、上网、运动和逛街的人占到 70%。

(5)学后不能致用,读后不能分享,达不到"学而思用""读而说写"的效果。

有的人将读书与工作生活、为人处世完全割裂,丝毫不知实践和运用的重要性。也有一些人将书中的内容完全照搬进生活,最后的结果只会是处处碰壁、面目全非。

庄子说:"学而不能行谓之病。"学而不用则废,用而不学则滞。学用必须结合,二者缺一不可。

不去实践,不去应用,不去验证,只"学"不"习",只"读"不"思",所有这些,都是不正确的阅读方法。

学以致用是一种能力的释放,用以致学则是一种态度的升华。我想,人生就是在学以致用、用以致学的过程中完成了一次又一次的突破。

南宋文学家陆游早已道出了读书的真谛:唯有理论和实践相结合,我们才能真正理解书中的道理,才能够将纸面上介绍的方法真正"为我所用"。

现实社会中,有的人说起理论来滔滔不绝,但一旦实际做起事来,其结果和理论水平相差甚远,让人大失所望、大跌眼镜。

只死读书而不学会思考,是许多人读书的坏习惯。因为"读书"这件事情很简单,但"思考"会非常累。

在应试教育"只读书不思考"的背景下,许多学生表面上非常勤奋和努力,实质上,他们只知道死记硬背,而不会去思考文章背后所蕴含的原理性、本质性内容。最后的结果就是知其然,不知其所以然,就是只知表象而不知本质。于是,思考的弱者和懒惰人就会大量产生,就会造成大量"尖子生"的高分低能现象。

学校里大部分的考试题目都有标准答案,模式也相对比较固定,此时此刻,智商显得非常重要。但是出了学校进入社会,我们会面临很多没有标准答案的问题,所处的环境也会复杂得多,如果缺乏思考能力,情商不高,没有逆商,很多学校里的"尖子生"就会不知所措,就会感觉到人生像是一段走不完的下坡路。

(6)没有正确的阅读妙法。

没有将引导与自主阅读相结合、兴趣与实用阅读相结合、阅读与写作相结合、鉴赏与评价相结合、浅阅读与深阅读相结合、探究与创造性阅读相结合,使得每一次的辛苦阅读变成了一场颗粒无收的劳作,其结果是阅读的效率和质量不高。读书的方法很多,没有说哪一种方法最好。但是,我想,总有一种方法适合你。

(7)读书只讲速度和数量,不讲质量。

欲速则不达,这也是读书的一大通病。这些人忘记了阅读的初心是提升自己的素养,将读书变成了一场狂欢和作秀,纯粹是为了读书而读书。其实,**阅读的质量重于数量,读书的效果重于速度**。

如果我们每周只读一本书,并能够完全沉浸其中,远比那些囫囵吞枣的人要好。要明白,走马观花地看一百本书,完全没有透透彻彻地看一本经典好书的收获多。同样的道理,随随便便写一百篇文章,还不如认认真真把一篇文章修改一百遍的进步快。

近代史学家翦伯赞学习经典著作有"三个法宝":一是通读;二是重点读;三是做笔记。

任何一本经典书籍,只要读透、读懂了,我们的人生境界和生命格局都会有很大的提高。明朝理学家胡巨仁在《丽泽堂学约》一书中说过:"读书务在循序渐进;一书已熟,方读一书,勿得卤莽躐等,虽多无益。"

(8)读书的目的是考试、升学和比赛,没有欣赏和享受。

日本作家大岩俊之的《实用性阅读指南》一书告诉我们,这种功利性读书一般包括以下几个过程:首先要明确读书的目的(制定目标);其次要理解内容并做好读书笔记(找到方法);最后要落实行动(实现计划)。

(9)选择了一本不适合自己的书。

俄国哲学家别林斯基说:"阅读一本不适合自己阅读的书,

比不阅读还要坏。我们必须学会这样一种本领,选择最有价值、最适合自己需要的读物。"英国小说家亨利·菲尔丁也说过:"不好的书也像不好的朋友一样,可能会把你戕害。"

(10)在阅读过程中,我们要有意识地克服某些不良的阅读习惯。

例如,读出声不但影响速度,而且会分散一部分精力去注意自己的发音;逐字读或用手指挨个指着字读,有碍理解和速度;眼睛来回移动,寻找先前读过的信息,不利于继续读下去以获取完整的概念。

(11)阅读时要克服一些影响阅读和理解的不良心理因素。

例如,期望值过高、急于求成,不仅会影响阅读的心境,也会使视觉和大脑的注意力都不能集中于阅读过程本身,阅读的效果自然就不会好;过度重视阅读方法和技巧,而忽视阅读材料及阅读本身,会使我们的注意力分散,阅读的兴趣自然大大减弱;思想上开小差,对文字视而不见,翻了许多页,但脑子里仍是一片空白。

(12)不知变通,盲信盲从,不用批判性思维去读书。

现在有很多人把书里教导的道理、方法当成金科玉律,把书中的"心灵鸡汤"当成万能的滋补营养品,把当下的网络红人和所谓的精英分子当成自己崇拜的对象,任何事情都以非常死板的方式去理解和处理,最后逐渐把自己变成了傻瓜。

我们要知道,写书的人或许是某一领域的专家,但绝对不是圣人,更何况圣人也会犯错。我们还要知道,书中的内容不一定全部都是正确的,书中所讲的道理、知识、方法,都有其特定的应用情景和语境,并非对所有人都适用。

(13)读书不做笔记,不做摘录,不做批注,不画重点,太相信自己的记忆力。

俗话说得好,"好记性不如烂笔头"。古今中外,凡是在"读书"这件事情上做得比较出色的,或成就非凡的,几乎没有不做读书笔记的。

做读书笔记,并非只是简单地记录摘抄,而是对书籍所介绍的思路和重点内容进行深入的理解和系统性的梳理。通过这种方式,我们才能真正"读懂""读透""读好"一本书。复习读书笔记,既可以节省时间,又可以掌握要点,是一种"温故而知新"的好手段。

(14)缺少一个时期的读书规划。

人生需要规划,职业需要规划,同样,读书也需要详细的规划。

我们一般会读三类书:第一类是与本职工作息息相关的专业类书籍;第二类是书法、绘画、钢琴、运动等与自己兴趣相关的书籍;第三类是小说、漫画等消遣娱乐类书籍。

我们常说的阅读,主要是指人文方面的内容。个人的气质、品位,便取决于这种阅读。一个技术性的专业人才,如果没有专业之外的人文阅读,如果没有去培养一点专业以外的兴趣,很难说他具有多高的文化修养与品位。

我们应根据自己的具体情况,制定一个明确、清晰的一年、三年和五年读书规划,把三类书的阅读时间和权重进行适当分配。如果当下迫切需要提升工作技能,就需要适度牺牲自己的兴趣和娱乐,在读书时间的占比上,要向专业类书籍倾斜。假如本职工作在短期内没有问题了,那么兴趣、娱乐类书籍的阅读时间就可以适当增加。

(15)读过的书,不想再读。

意大利当代作家卡尔维诺说,一部经典作品是一本每次重读都像初读那样带来发现的书。但喜新厌旧的心理和习惯性思维,使得很少有人去重读经典。一旦把书归类成"已读",便不再好奇。所以说,现代人的重读复习之难,不在认知,而在动力和行动。

四、阅读的技巧

清代著名学者、藏书家周永年,早年家贫,百无嗜好,独嗜书好学。他广览经史百家,学问极其渊博,却以为自己粗劣笨拙,所以既无文章存世,也没单独的著作流传,而唯一出自其手的,是一本《先正读书诀》。"先正",原指前代的大臣;"诀",是"诀窍、秘诀、诀要"的意思。顾名思义,这本书介绍的是前代著名学者读书的秘诀。这也是我国最早系统地介绍读书技巧的一本书,值得好好学习。

那么,如何用最短的时间去获取最多的信息呢?日本的原尻淳一在《高效能阅读》中教给我们七种简单又实用的技巧,可以运用高效、高质量的读书技巧达到阅读的目的,甚至可以在一小时内读完一本商业类书籍。

常见的七种读书技巧包括:

1. 读书体质改善技巧

读书体质就是对读书有兴趣,有读书的内在动机,掌握正确的读书方式。那么,对于一个不太喜欢读书的人,如何去改善他

(她)的读书体质呢？

首先，**要有读书的兴趣**。兴趣来源于现实的需求，而兴趣的培养来自于读者的内在动机。

其次，**要有正确的读书方式**。读书不是从头到尾读，而是有重点地读。所以，要摒弃"必须从头读到尾"的强迫观念。要知道，无论是一本什么样的名著，我们有不读、跳读、不读完、重读、随意选读、朗读、默读等权利。

最后，**要联系实际，有所行动**。将书中获得的信息运用于实践，并在实践中发现问题，而后继续读书以寻找答案，最后总结提炼属于自身的经验，以提升个人的能力。如此良性循环，读书体质就会越来越好。

我们可以先读薄一点的书，以降低读书的门槛；可以到咖啡店或一个合适的环境读书；也可以参加读书会，与他人交流经验心得。总之，我们喜欢怎样读就怎样读，不要受任何的束缚。

如果世界上有一种叫作"阅读家"的职业，在众多作家中，我想，不会有人比毛姆更加合适。他提出的"**乐趣读书法**"，是他在读书实践中摸索出来的。他说："我也不劝您一定要读完一本再去读另一本。就我自己而言，我发觉同时读五六本书反而更合理。因为，我们无法每天都保持不变的心情。而且，即使在一天之内，也不见得会对一本书具有同样的感情。如此'脚踏多条船'，使自己的读书兴致始终保持在一定的高度，其效果当然要比抱着一本书疲惫地一啃到底好得多。"

2. 沉迷读书的技巧——跟书谈恋爱

读书就是一场旅行。只是，在这场旅行中没有同伴，注定十分孤单。因此，如何让自己沉迷下去，持久地保持读书的热情，是人人必备的初级读书技巧。

面对自己不感兴趣,却又必须阅读的书籍(如技能类、学术类书籍),拿到后先不要马上开始阅读,我们可以尝试将兴趣转移到作者本人的轶事或成就中去。

在现实生活中,真正的"书迷"越来越少了。读书入迷者,心里所想的和日夜所思的,一定都是读书。每每读到一本好书,便会废寝忘食,通宵诵读,而读书的喜怒哀乐,均随书而动。

"书痴"者读书成癖,痴迷无度,一日三餐皆成小事,唯有读书才是头等大事。只要有书读,可三月不食肉而依然津津有味。为了读书,可以不工作、不睡觉、不吃饭,将人情世故全然抛之脑后。

我国现代诗人闻一多就是一个读书成瘾、一看就"醉"的人。就在他结婚的那天,洞房里张灯结彩,热闹非凡。一大清早,亲朋好友都来登门贺喜。直到迎亲的花轿快到家时,人们还不知道新郎在哪里。急得大家东寻西找,结果在书房里找到了他。他仍然穿着旧袍,手里捧着一本书入了迷。

所以,英国著名的数学家伊萨克·巴罗说:"一个爱书的人,他必定不致缺少一个忠实的朋友,一个良好的老师,一个可爱的伴侣,一个温情的安慰者。"

3. 读书环境改善技巧

读书也是需要环境的。一旦没有了读书的环境,就不会有看书的心情。

我一直相信,安静是最有修养的生活方式。在寂静中体会人生的滋味,在书海中沉淀浮躁的心态,是一种多么愉悦人生的美好享受啊!

"书房是文人精神的巢穴,生命的禅堂。"有条件的话,可以打造一个"家庭图书馆""读书吧"或"图书角",让自己的爱书有个家,让书籍的灵魂有个地方可以栖息,也可以让我们很便捷地找到它。因为,真实的书触手可及,可以让我们与书籍有个"美好的邂逅"。

但是,也有人认为,在嘈杂环境的读书效率未必会比安静的地方低。毛泽东在长沙读书时,每天故意让自己坐在闹市口、菜市场看书,以培养自己看书的静心和恒心。阿诺特·法兰斯曾说过:"我需要噪音。"贝里尼也说过:"港口的嘈杂,能激发写作灵感"。

爱因斯坦说过这样一句话:"桌面不整洁的人,一定很聪明。"起初我一直不能理解,感到匪夷所思,后来看到读书人的书桌上堆满了各种书籍,瞬间明白了。

4. 速读技巧培养

速读,或称"快速阅读""全脑速读"。人的右脑主要对图形和图像进行记忆和加工,而左脑主要处理诸如逻辑、数字、文字等非形象化的信息。科学研究已经证明:人类进行传统阅读时,主要使用左脑;而在采用"速读"方式阅读时,则充分调动了左右脑的功能。

要达到阅读的所有目的,就必须在阅读不同书籍的时候,运用适当的速度。有一点要注意,速读时,视幅要宽、视时要短。法国学者帕斯卡尔在 300 多年前就说过:"读得太快或太慢,都将一无所获。"

速读时,要先阅读目录,选定自己认为重要的、可读的章节,并用不同颜色的便利贴或不同颜色的笔做好标记。而后就可以仔细阅读了，也可以将所思所想直接写在书上，当作文本型的笔记。

5. 加快理解的"类比阅读"技巧培养

广泛、深入地领会特定专业内容的读书叫作"垂直阅读"，而与所从事的专业完全不同的阅读叫作"水平阅读"。真正的通才不能仅仅局限于本专业的"垂直阅读"，还要进行"水平阅读"。

要明白，读书不是真正的目的，真正的目的是产出。从书中获得的知识，必须经过自己的思考和转换，并应用于实际工作。我想，这才是最重要的。

6. "解剖读书"技巧培养

读书的关键不在于读了多少书，而在于我们记住了多少，吸收了多少，应用了多少。那么，究竟要通过什么方式，才能真正地把书读懂呢？

一是要顺应各个阶段的年龄特点，把阅读变得好玩些；

二是要唤醒内心那颗阅读的种子，让阅读成为一种习惯、一种力量。

我们要想尽一切办法将书中的信息据为己用，并做好各种标记。此时此刻，我们手中的笔就是一把手术刀，可以将书细致地解剖到纹理。

7. 用于超级产出的数据库技巧

阅读的终极目的是为了产出，所以要对有用的信息进行收集、归类和整理，变成今后写作的素材和资料数据库。

康奈尔笔记法、思维导图和涂鸦笔记是高效做笔记的三个方法。其中，康奈尔笔记法也叫5R笔记法，目前最受推崇。具体包括以下几个步骤：

（1）**记录**（record）：在听讲或阅读的过程中，在主栏（将笔记本的一页分为左大右小两部分，左侧为主栏，右侧为副栏）内，尽量多记一些有意义的论据、概念等讲课内容。

（2）**简化**（reduce）：下课或读完以后，尽可能早地将这些论据、概念简明扼要地概括（简化）在回忆栏，即副栏之中。

（3）**背诵**（recite）：把主栏遮住，只用回忆栏中的摘记提示，尽量完整地叙述课堂上讲过的内容或阅读内容。

（4）**思考**（reflect）：将自己的听课随感、意见和经验体会之类的内容，与讲课内容区分开，写在卡片或笔记本的某一单独部分，加上标题和索引，编制成提纲、摘要，分成类目，并随时归档。

（5）**复习**（review）：每周花 10 分钟左右的时间，快速复习笔记，主要是先看回忆栏，适当看主栏。

五、阅读的策略

虽然当今社会喜欢阅读的人有很多，但是真正掌握阅读技巧和策略的人是少之又少。

如果读书不思考，只为读而读，那么书籍就缺少了深度，阅读的有效性也就降低了，其结果一定是印象淡薄、收获寥寥。无方向性和目的性的阅读，会使学生的阅读世界只剩两个字——乱、空。

阅读策略是指读者在阅读过程中，根据阅读任务、阅读目标及阅读材料的特点等因素，所选用的能增进有效理解的规则、方法和技巧。

古往今来，人类的文化宝藏极为丰富。一个人的精力毕竟有限,如果不加选择,就不会收到良好的效果。读者可以结合自己的实际情况,有针对性地选择书目和阅读方法。只有这样,才能达到事半功倍的效果。

要实施**定向式阅读**,以提高阅读效率。定向式阅读是一种行之有效的阅读方法。我们一旦掌握之后,就能开阔视野、增大读写量、养成良好的读书习惯,以促进能力和素质的提高。

"人生有涯知无涯。"从阅读的角度来讲,"定向"是一种有针对性的阅读,它能使读者在较短的时间里获得更多的有效信息。

如果我们毫无选择、毫无目标地阅读,什么书都读,不讲究方法,最终必定是一事无成。

我们都有一份事业和职业,在广泛涉猎的基础上,应该选择一二个专业或非专业的"中心兴趣",进行大量的、较为深入的阅读,一定能够收到上佳的读书效果。

读书要有所选择。即使是不朽的经典名著,由于我们的精力与时间有限,也必须有所选择。世界上有各种各样的书,有的不值得一看,有的只值得看一天,有的可以看一年,有的甚至可阅读一辈子。

选择性阅读的含义是,要读第一流的书,要读一流学者写的书。另外,选择性阅读法作为快速阅读的一种形式,也可用来选读文章里的部分章节,特别是在浏览了全书之后,再回过头来通读第二遍时。在这种情况下,读者应统观全文,争取不要漏过任何部分,但注意力只能放在全文的主要观点之上。

我们要善于利用**零碎时间阅读法**,利用点点滴滴的时间去阅读,积少成多,就可以汇成知识的海洋。著名数学家苏步青说过:"我用的是零头布,做衣服有整料固然好,没有整段时间,就尽量把零星时间利用起来,加起来可观得很。"达尔文也曾经说过:"我从来不认为半小时是微不足道的、很小的一段时间。"

阅读可以让我们内心温暖、世界清明、精神高远,这已经毋庸置疑了。但怎样才能成为一个卓越的阅读者呢?

巴金说过:"仅在字母、文字和书页中浏览一番,这不是读书;阅览和死记,也不是读书。"

我想,真正的阅读应该是"把文字从书页中吸走"。

卓越的阅读者＝一定的阅读量＋阅读策略的熟练运用。

阅读策略是阅读文章时所要运用的方法或技能。对于学生来说,如果他们掌握了阅读策略,就可以更加明白和深刻地理解他们所阅读的故事或文章。

因为,真正的阅读是通过文字去提取意义,读者需要运用不同的阅读策略去理解、思考和寻找信息。

加拿大阿德丽安·吉尔有关阅读力和写作力方面的书值得我们一读,包括《阅读力——文学作品的阅读策略》《阅读力——知识读物的阅读策略》和《写作力——创意思考的写作策略》三本。

阿德丽安·吉尔提出的五大阅读策略,是以理解为核心,以思考为着力点。其目的是让读者掌握寻找文本信息和意义的方法和技巧,通过培养思考力、阅读力和写作力,整体提高阅读和写作的素养。

(1)联结:这是一种将所读的故事和自己的生活经历建立联结的能力。只有这样,两个故事联系在了一起,其中一个来自文本,另一个则来自我们的生活。这种阅读策略是最简单,也是最容易掌握的。

（2）**提问**：优秀的读者会在阅读时提出两种类型的问题：速答型问题（在书中能找到现成答案的问题）和深入思考型问题（无法从书中直接找出答案的问题）。如果答案不在书中，它就需要我们进行更深入的思考。

（3）**图像化**：当书上没有图片时，读者需要在脑子里"制造"出图画来，以便于理解和记忆。

（4）**推测**：一位优秀的读者会明白作者在说什么，即使作者并没有把它写出来。这种策略能够有效地加快学生的阅读速度，提高学生的阅读效率。因为，"更少的墨水意味着更多的思考"。

（5）**转化**："一本好书深入内心，唤醒心灵"这句话，最能解释"转化"这个词。这个转化有三层含义：一是将别人的书本知识转化为自己的知识点；二是将书本知识转化为生活和实践的经验；三是将经过消化吸收的知识转化为写作的素材，进行读写转化。

六、阅读的"七到"

1．"三到"阅读法

《弟子规》中说："读书法，有三到。心眼口，信皆要。"

后来，儒学集大成者朱熹就告诫他的学生们，读书要做到三到：心到、眼到、口到。

大声诵读、专心阅览、用心记忆，这三者是融为一体的。如果心思不在书本上，那么眼睛就不会仔细看，不专心致志，却只是随随便便地读，就一定不能记住，即使记住了也不会长久。

朱熹认为,"三到"之中,心到最重要。因为,心一到,眼和口就必然会到。"心到"是对阅读内容的一种精神感悟和洗礼,只有全身心地投入到阅读当中,才会有感同身受的体会。

因此,要想把书真正读好,读到烂熟于心,直至应用自如,"三到"是缺一不可的。

2."四到"阅读法

近代学者胡适在"三到"的基础上增加了一个"手到",形成了读书要"眼到、口到、手到、心到"的好方法。

胡适认为,读书一事涉及三个问题:要读什么书?读书的功用是什么?用什么方法读书?他倡导"精"与"博"相结合的读书方法。"精"就是"四到",而"博"就是要求"为学当如埃及塔,要能博大要能高"。

蔡元培也提出,读书要讲究两个"能"。一是能专心:只求数量而乱读,犹如捡了芝麻丢了西瓜。二是能勤笔:将值得注意的几点摘抄出来或在书上做一点特别的记号。

胡适在《怎样读书》一书中,反复强调"要高抬读者的贵手"。

首先要拿起笔进行画线。对于有价值的句子、词语,要用线段或特殊符号加以标注。

其次要多写多记。其实,毛泽东也说过:"读书如果不做笔记,那还不如不读书。"

3."五到"阅读法

后来,鲁迅先生又加上了一个"脑到",并且归结为"五用":用心、用脑、用眼、用手、用口。眼到是看,口到是读,手到是记(写),脑到是思考,心到则是用心。

鲁迅先生说的"脑到",就是要对自己目前尚不懂的问题,善于进行思考,并追根求源。

4."七到"阅读法

我想,在读书的过程中,除以上"五到"之外,"耳到""身到"也是非常重要的。所以,在阅读时,我们要注意这七个"到"。

"耳到"很重要。因为,聪明的"聪"是由耳朵、眼睛、嘴巴和心连在一起的。读书也要把耳朵打开,听老师、学者和专家的评论与解析;也要听听自己阅读的声音,像读诗、词、曲,都要用耳朵听,才能品出其中的韵味。

最根本的是"身到"。我们要用身体去实践,把书中的道理运用在生活上。如此读书,才是真正的阅读,才能活学活用。

书本联系实际,是最核心的读书方法。书呆子读书,仅仅是纸上谈兵,而灵活的读书方法,是将书本与实际相结合。"**闭门求学,其学无用**。欲从天下万事万物而学之,则汗漫九垓,遍游四宇尚已。"明代思想家顾炎武也认为,历游四宇,读无字之大书,方得真谛。

5.名家的读书法举例

(1)明代学者张溥的"七焚读书法"强调读写并用,强调"眼到、手到、心到"。他把读书分为以下三步:第一步,每读一篇新文章,都工工整整地将它抄在纸上,一边抄一边在心里默读。第二步,抄完后高声朗读一遍。第三步,朗读后将抄写的文章立即投进火炉里烧掉。烧完之后,再重新抄写,再朗读,再烧掉。如此反复七次,直至彻底理解、背熟为止。

(2)叶圣陶总结了一套行之有效的"三步读书法",值得我们学习和借鉴。他的"三步读书法"就是对重要的、需要精读的书籍或文章,分初读、复读和再读三步进行。

怎样初读? 叶圣陶先生认为:"就其中的一篇或一章一节,逐句循诵,摘出不了解的处所;然后用平时阅读的经验,试把那些不了解的处所自求解答,得到了解答,再看注释或参考书。"初读,还要经过三个环节,即求疑、答疑和复核。

怎样复读? 叶圣陶先生的做法是:"又复读一遍,明了全篇、全章或全节的大意。"他认为,唯有分析,才能了解书的细节;唯有归纳,才能对全文的脉络、思路、要点和中心思想等了如指掌。

叶圣陶先生还认为,好文章还需要"最后再细读一遍,把应当记忆的记忆起来,应当体会的体会出来,应当研究的研究出来"。第三步就是从文章中跳出来,其目的是吸收和创新。

另有人认为,读书必须有"四个要":一要深入;二要怀疑;三要虚心;四要耐烦。同时,也提出了"四个忌":一忌粗疏;二忌空泛;三忌盲从;四忌武断。

(3)清初天文学家梅文鼎也有一个"四不怕读书法"。一是不怕难,越难越想去钻研;二是不怕烦,耐心地搞清楚;三是不怕苦,他每天夜里挑灯读到四更,天刚蒙蒙亮,又起床开始读书;四是不怕丢面子,只要遇到懂的人,他就虚心请教。

相传有一天,王安石写了两句诗"明月当空叫,五犬卧花心",搁在桌上就出去办事了。苏轼恰好到府上参拜,见了这两句诗,认为不合情理,就随手把诗句改成"明月当空照,五犬伏花阴"。后来,苏轼贬官海南后,见到当地有一种花就很像"五犬卧花心",当地也有一种鸟叫明月,它身体很小,能悬空不动,晚上出来活动,与月亮重叠时,循声望去,只见月不见鸟。这时,他才真心叹服王安石的学识渊博了。

(4)爱因斯坦的"总、分、合三步读书法":所谓"总",就是先对全书形成一个总体印象。在浏览前言、序言、后记等的基础上,认真地阅读目录,概括了解全书的结构、体系、内容和要点等。所谓"分",就是在总体了解的基础上,逐页而不是逐字地略读全文。在略读过程中,特别注意书中的重点、要点以及自己所需要的内容。所谓"合",就是在略读全书之后,把已经获得的印象条理化、系统化,并经过认真的思考和综合,弄清全书的内在联系,以达到总结、深化和提高的目的。

(5)恩格斯的"原著读书法":恩格斯认为,读书就要系统地读原著。因为,"研究原著本身,不会让一些简述读物和别的第二手资料引入迷途"。从其阅读过的书目来看,恩格斯虽然也读过大量的通俗小册子、报刊等,但花工夫最深、读得最多的还是那些经典原著。他认为,系统地读原著是从事研究的一种正确的读书方法。只有这样,才可以了解一个理论产生、发展和完善的过程,了解这一理论的全貌,全面系统地掌握其基本原理。

(6)杰克·伦敦的"小纸条读书法":凡是到过美国作家杰克·伦敦家中的人都觉得很奇怪:窗帘上、衣架上、柜橱上、床头上、镜子上、墙上……到处贴满了形形色色的小纸条。这些小纸条上写满了他搜集来的材料:有美妙的词汇,有生动的比喻,有五花八门的资料。所有这些,可以方便他随时阅读和思考。外出的时候,他还会把小纸条装在衣袋里,只要一有空就掏出来看一看、想一想、记一记。

(7)茅盾的"**三遍读书法**"：茅盾认为，读书起码要读三遍。第一遍最好很快读完，这就好比坐飞机鸟瞰桂林的全景；第二遍要慢慢读，"细嚼慢咽"，并注意各章各节各段的结构；第三遍要细细地、一段一段地阅读、领会和运用，这时要注意各段的遣词造句。这一方法归纳起来就是：**鸟瞰式—精读式—消化式**。

(8)清代思想家阮元的"**四步读书法**"：是我国古代创造的"读思结合、读习结合、读行结合"原则的发挥和运用。

第一步是**句读**(强化诵读)：首先要能认字，即认读，把字音读准；其次要掌握断句，即停顿；第三要能读通，即初步了解其字句的含义；第四要能读通顺，不能读起来疙疙瘩瘩。

第二步是**评校**(授人以渔)：评是评点、评说，即根据自己对文本的理解，评定其是非正误和优劣长短。校是校勘、校正，即拿所读文本与其他版本进行校对以勘定正误。我国古代有评点读书法，读者可将阅读的感受，以及对所读文本从字句到内容的评价，写在字里行间或文前文后。

第三步是**抄录**(含英咀华)：在读通读懂文字后，将所读文本的精要加以抄写，以加深对它的理解，巩固对它的记忆。

第四步是**著述**(文如其人)：这是指对阅读所获知识的迁移和运用。

(9)"**25分钟读书法**"：美国心理学家莱利博士的研究结果显示，人能够集中精力的限度是25分钟。如果超过了25分钟，就会分散精力和注意力。根据这个原则，每天拿出25分钟的业余时间来读书是最合适的。

我们不要小看这每天的25分钟。按照正常估算，在25分钟内，一般可以看20页书。如果每天能坚持下来，一个月就是

600页，一年的阅读量就相当于24本300页的书。

世界上最简单的事就是坚持，最难的事也是坚持。每天25分钟，养成习惯，这不但能够让我们从读书中获得知识和乐趣，而且也能帮助我们养成规律的生活方式。

(10)"泰山书院读书法"：《泰山书院约言》是李品镐于乾隆三十六年，为指导诸生读书、治学而作的一卷"学习大纲"。这种读书法要求我们做到两点：一是**循序渐进，确定学习步骤**；二是**分门别类**，开列书目指南。特别在读书导引上，作者提出"读经"应专精一经，兼及群经；"读史"于《史记》而外，尤重《通鉴》，"数千百年之事可以抵掌而读"；"读古文"特重唐宋八家，要求"精选而熟读之"；"读赋"则要精读《文选》中小赋；"读诗"则要兼涉汉唐宋元，不主一家。最后提出了一个"**分年计程读书法**"，"立定一日之程，毋夸多斗靡，毋见异思迁，始不畏难，中不间断，循循而进"。

(11)"**系列组合读书法**"：收集阅读材料要有定点定向意识，大量积累材料后进行分类组合，这种阅读积累运用法也叫作"**多管窥豹**"读书法或归纳读书法。

1935年3月20日，一个名叫雅各布的人突然被德国特务从瑞士绑架走了。后来才知道，原来是因为他写了一本关于德国军队的小册子，详尽地披露了德军的组织结构、参谋部人员的部署、部队指挥官的名字和家庭情况，以及新组成的装甲步兵小队的内幕。书中搜集了168名指挥官的姓名，叙述了他们的简历。这一特等军事机密被人刺探，而且还编成了书公之于世，希特勒知道后怎能不暴跳如雷呢？

可是，当盖世太保总部把雅各布抓来一盘问，真是叫人哭笑不得。原来那本小册子中的全部材料,都是从德国报纸上搜集起来的。作者只不过是把这些零散材料进行分类组合,编纂成书而已。他在平常的阅读中,注意积累,把分散的资料分门别类,按一定的顺序进行重新整理、有序组合,最后摘录成了一本小册子。

(12)"卡片读书法":儒勒·凡尔纳是19世纪法国著名的科幻小说家。在40年中,他共创作了100部作品,得到了全世界读者的喜爱。其中,《神秘岛》《海底两万里》等小说深受我国读者的喜爱。

凡尔纳逝世以后,人们从他的书房里发现了许多笔记本,总共有两万五千多本。在他的柜子里,分门别类地放满了各种卡片,而卡片上密密麻麻地写着各种资料,仅一个柜子就有两万多张卡片。例如,为了写作《月球探险记》,他就阅读了500多册图书,记下了满满几大本笔记和几万张卡片。

(13)邓拓的"背篓拣粪读书法":我看过著名文化人邓拓的杂文集《燕山夜话》,曾为作者的学识渊博而感叹不已。后来,当我看到他有一个独创的"背篓拣粪读书法"时,就恍然大悟了。他总是随身带一个活页的小本子,读书看报随手做笔记。他常常是半个月读一本天文学著作,积累一些有用的资料;半个月读一本地质学著作,又积累一些有用的资料。一年12个月,他就能读24部书,积累的资料自然就相当可观了。

当然,"背篓拣粪"也不是拣回来就完事了,还要进行一定的处理加工。邓拓把这种积累资料的方式分为两个过程:一是随意性积累;二是系统性积累。随意性积累,就是平时读书阅报,发现了自己感兴趣的材料,就随手抄下来。而系统性积累,就是等资料摘录多了,就把本子拆开,一张活页纸就成了一张卡片,再把它们按系统归档保存。待需要用时,按"门牌号码"一查就找出来了。

(14)爱迪生的"目标读书法":发明大王爱迪生的读书有一个显著特点,那就是无论读什么书都有一个明确的目标。

据说,这个读书方法还是一位绅士教给他的呢。爱迪生自幼辍学,后来曾在火车上卖报为生。他每天早上6点出发,晚上9点回家。稍有余暇,他就一头扎进火车终点站的图书馆里去读书。

一天,爱迪生正在潜心阅读。有位绅士走了过来,笑嘻嘻地说道:"我常在这里遇到先生,请问您读了多少书?"

"唔,我已读了十五呎高的书了。"爱迪生回答。

不料绅士突然大笑起来:"噢,十五呎,值得佩服!请问你读书时有个什么确定的目标吗?据我观察,你以往读的书与今天读的书,性质就不一样。你是不是随便乱读的呢?"

"不!我是按照次序读的。我下了决心,要读完这个图书馆里所有的藏书。"爱迪生答道。

绅士又说:"啊!你要读完这图书馆里所有的书,精神可嘉!不过,这样读书会浪费你大量的精力。经济有效的读书方法应该是首先确定好目标,然后再选书读。"

听了绅士的一番话,爱迪生茅塞顿开。此后读书,他便总是照那位绅士的话去做。

目标对于读书是至关重要的。这与旅行一样,目标就是目的地,而中间必须经过沿途各站。只有一站一站地走,实现了一个目标再向下一个目标迈进,才能达到理想的境界。

倘若没有前进的目标和方向,漫无边际地到处流浪,即使路走得再多再远,也是不能达到预期效果的。

(15)仇兆鳌的"**三破读书法**":"读书破万卷,下笔如有神。"在《杜诗详注》中,对于杜甫的这个"破"字,明末清初著名学者仇兆鳌有三个解释:一是"**突破**",就是多读而"胸罗万卷,故左右逢源而下笔有神",说的是博览群书;二是"**磨破**",就是熟读而导致"书破",犹"韦编三绝"之意;三是"**识破**",即精读而透彻理解书中之理,"识破万卷之理"。

(16)"**三肯和三要读书法**":我国当代著名的历史学家和民俗学家顾颉刚主张"**肯思、肯写、肯翻**"的读书原则,开创了我国近现代阅读理论和实践的新格局。"三要读书法"归纳如下:

一要有正确的读书态度。读书时要善于批判和继承,敢于怀疑圣贤和经典,还要自觉吸收现代的科学方法,不断反省和总结自己的读书法。

二要有批判性阅读的理念。

三要做好五件事。包括养成读书的特殊兴趣;区分书籍的轻重缓急;要运用自己的判断力;不可有成见;要广涉群书,又要精专。

(17)陈从周的"**杂读法**":我国著名建筑大师陈从周教授除读专业著作以外,最喜爱读杂书,尤其钟爱历代文人的笔记。他分门别类地做摘记,把所获得的"杂"的知识变"纯"。他认为,正如搞园林一样,"一木一石,残砖碎瓦",皆为造园必须之品,为学也是如此。他还说,读书、搞学术,要有的放矢,围绕一个问题,由一点可以引申到很多点,最终变成平面和立体。正如蜘蛛网,千丝万缕,但始终以蜘蛛为中心。如此持之以恒,便可在这个领域中得其梗概了。

另外,清代张之洞主张读书要"贵博、贵精、贵通"。著名科学家高士奇谈读书体会时说过:"一回见生,二回见熟,三回就成为朋友。"而北京大学俞平伯教授则倡导"不苟同,不固执,不苛求"。

总而言之,读书方法千万种,只有适合自己的,才是最好的。朱熹说过:"读书别无法,只管看,便是法。"我们要知道,每一个成功人士都有适合自己的读书方法,不必去学某个名人的读书法,而是要去摸索出一套适合自己的、实用的读书技巧。

七、阅读艺术

阅读是一件主动的事。阅读越主动,效果越好,探索能力就会更强一些,在阅读的世界里收获也会更多一些。

阅读是一门享受生活的艺术,也是一件必须要用具体的方法才能学会的事情。

枯燥烦闷时,读书能使我们心情愉悦;迷茫惆怅时,读书能使我们的内心平静下来,看清前路,继续前行;心情愉快时,读书能让我们发现身边更多美好的事物,真正去享受生活的乐趣。

读书,是一种提升自我的艺术。"玉不琢,不成器;人不学,不知义。"读书既是一种学习的过程,更是一种感悟人生的艺术。因为阅读,人生才能更精彩!

读书是一门心灵和头脑的艺术,它从来不是忙里偷闲的消遣。当我们遇到一本真正值得一看的好书,一定要慢慢地读,反复地读。只有反复读了,才能领会书中的深刻意义,才会对人生有启发意义,才会对一个人的发展有重要的促进作用。

我们要做一个有自我要求的、自信的读者,如此训练而来的能力,就是阅读的艺术。

我们要知道,中国古代的"苦读",如"凿壁借光""苏秦刺股""悬梁苦读""囊萤映雪"已不合时宜,锥刺股式的读书会将仅存的一点点乐趣消灭得无影无踪。但凡有所成就的读书人不会强调"勤研"或"苦读",他们只知道爱好一本书,随时随地想读即读,并且一如既往地坚持读下去。

曾国藩在一封家书中,答复其弟想到京师读书以求深造时说过这样一段话:"苟能发奋自立,则家塾可读书;即旷野之地、热闹之场,亦可读书;负薪牧豕,皆可读书。苟不能发奋自立,则家塾不宜读书;即清净之乡,神仙之境皆不能读书。"

真正的读书艺术就是:随手拿过一本书,想读时,便读一下。读书艺术应该包括敏锐的观察、灵敏可靠的记忆、想象的空间,以及训练有素的分析和省思能力。真正善于读书的人,对于书中的错字绝不计较,正如善于旅行的人对于上山时一段崎岖不平的路径,是不加关注和计较的。

读书艺术的真谛是写意,是主动。 在女词人李清照的自传中,有一段自己享受读书之乐的自述:"余性偶强记,每饭罢,坐归来堂烹茶,指堆积书史,言某事在某书某卷第几页第几行,以中否角胜负,为饮茶先后。中即举杯大笑,至茶倾覆怀中,反不得饮而起……其乐在声色犬马之上。"

每当拿起一本书的时候,我们就走进了一个不同的世界,一个沉思的心境和反省的境界。因为,读书可以使人得到一种优雅和风味,这就是读书的全部目的,而只有抱着这种目的去读书,才可以叫作艺术。

其实,读书并没有一个固定的模式与方法,主要是因个人的兴趣爱好和职业定位而异。依照不同的目的、不同的学科、不同的载体、不同的内容来选择适合自己的书,从而使读书变得更加多样化、趣味化。

明代哲学家陈献章说过:"学贵知疑,小疑则小进,不疑则不悟。"在阅读过程中,如果对书中所提供的信息不假思索地全盘接收,就丧失了自己思想上的独立性与判断力,比不读书更为有害。所以,我们最好是要带着问题去读书,带着疑问去读书。

读书时要勤于思考,多写读书笔记。做读书笔记,不仅能纠正急于求成、一目十行、走马观花、不求甚解式的读书习惯,还可以使自己学会慢读、细读、精读,帮助思考和理解,促进消化和吸收,还可提高读书人分析问题、归纳问题和解决问题的能力。

只有在读书过程中,处理好"勤与久""读与写""博与专""学与思""知与行"的关系,才能把读书这门学问变成一种艺术。

要想优雅地阅读一本书,并让灵魂优雅地行走,就需要做到以下两点:

一是要主动去阅读一本书,跟上作者的节奏;

二是要给自己制造适当的约束条件。

法国思想家蒙田说:"初学者的无知在于未学,而学者的无知在于学后。"阅读是写作的基础,没有阅读就写不出好的作品,而写作则是对阅读的强化和提升。

八、泛读与精读

1. 泛读

也叫粗读、略读、浅读。是指广泛地阅读、泛泛地阅读。其目的是为了身心愉悦、获取知识。对报纸、文摘、刊物等可以泛读，将无用或无关的略过以节省时间，并从中找到自己感兴趣的知识点。

爱迪生为了发明"白炽灯"，曾翻阅图书馆的各种相关书刊，做了9万页笔记。他为了发明一种新型号的打字机，从图书馆借来了有关的书刊资料，足有3呎厚，但他只用两三个晚上就钻研完毕了。

那么，他是怎样看这些书刊的呢？他不可能在两三个晚上从头至尾钻研这3尺厚的书刊，他只是搜集与新型打字机有关的部分，其余的无关部分则被忽视。

爱因斯坦说，他只汲取、抓住那些把学习和研究引向深入的东西，而把一切偏离要点而使头脑负担过重的东西统统抛掉。他还说，凡是书上有的，他都不记，只记书上没有的。

泛读的"泛"字，是指读书的面要广，要广泛涉猎各方面的知识，使自己具备基础性的常识。我们不仅要读自然科学方面的书，也要读社会科学方面的书。古今中外各种不同风格的优秀作品都应有所涉猎，以博采众家之长，开拓自己的思路。马克思在写《资本论》时，曾钻研过1500多种书籍，通过海量阅读来搜集大量的写作资料。

泛读，即一般性阅读，意在追求对作品的整体理解和阅读速度。"只观其大意"，而不注重一些字句的深究，不用咬文嚼字，也不用逐字逐句去理解文章，而在跳跃式的阅读中把握中心思想。

有人认为，在第一遍阅读的时候，我们要学会快速读完它。因为，只有这样，才能确定这本书是否值得去深读、精读。《如何阅读一本书》的作者建议在 15 分钟之内读完一本书，这样既可锻炼我们的阅读速度，又可加强我们的总结概括能力。

泛读时，注意力应高度集中，才能在大量的文字信息中捕捉到必要的内容。另外，要善于抓住关键，视觉范围要固定，扫视速度要快。泛读的方法有很多，包括扫读法、跳读法、选择式阅读法、信息式阅读法、掠读法等。

泛读是一种广义上的快速阅读法，它与略读一样，常常与精读相对而言。

2. 精读

也叫细读、研读、深读。是指深入、精细地研读，以掌握阅读方法、发展阅读能力、理解文章内容和积累知识为目的。对重要的文献、名篇佳作和本专业的书籍，要认真读、反复读，要逐字逐句地深入钻研，对重要的语句和章节所表达的思想内容，还要做到透彻理解，这就是精读。

叶圣陶在《〈精读指导举隅〉前言》中说："像这样把精读文章作为出发点，向四面八方发展开来，那么，精读了一篇文章，就可以带读许多书。"

精读时，要细读多思，反复琢磨，反复研究，边分析边评价，务求明白透彻，了然于心，以便汲取其精华。只有精心研究、细细咀嚼文章的"微言精义"，才能"愈挖愈出，愈研愈精"。可以这样说，精读是一种十分重要的读书方法。

"年年为恨诗书累，处处逢人劝读书。""扬州八怪"之一的郑板桥倡导"求精求当读书法"。"求精"，是指读书要有所选择，选好书，读精品；"求当"，就是要恰到好处，要适合自己的水平和工作需要进行阅读。他说："求精不求多，非不多也。唯精乃能运多，徒多徒烂耳"，"当则粗者皆精，不当则精者皆粗。"实际上，郑板桥并不反对博览群书，只是强调阅读必须以精读为基础。如果读书只贪多而不求精，就会胸中撑塞如麻；只有读书求精不求多，才能真正读到书里去。

郑板桥在"精""当"读书法的基础上还要求"探""研""问"，也有人将其总结为"五字读书法"。因为书中的"微言精义"所包含的丰富深邃的内涵，往往是"愈探愈出，愈研愈入，愈往不知所穷"。他认为"学问两字，须要拆开看。学是学，问是问，今人有学而无问，虽读书万卷，只是一条钝汉尔"。因为，只有读书好问，才会使"疑窦释然，精理迹露"。

精读时，要求"字求其训，句索其旨。未得乎前，则不敢求乎后；未通乎此，则不敢志乎彼"。正如朱熹在《读书之要》中所说的："大抵读书，须先熟读，使其言皆若出于吾之口；继以精思，使其言皆若出于吾之心，然后可以省得尔。"

朱熹在《读书之要》中还说："读书之法，在循序而渐进，熟读而精思。""**熟读而精思**"，这就是精读的含义。

巴金的读书方法是"**回忆法**"，即静坐在那里回忆自己曾经读过的书，属于读书而无书；夏丏尊的读书方法是"**蔓延法**"，即以精读的文章或书籍为出发点,向四面八方蔓延,将内容相关的书联系起来读。

杨绛先生把读书比作"隐身的串门儿",她说:"翻开书面就闯进大门,翻过几页就升堂入室;而且可以经常去,时刻去。如果不得要领,还可以不辞而别,或另找高明,和他对质。"

3.　精读与泛读的关系

精读和泛读是两种不同的阅读方法,而阅读力主要就是指精读和泛读的能力。它们虽各有特定的目的,却总是相辅相成、相互补充的。

当代著名作家秦牧在谈到读书时,主张采取牛和鲸的吃法,即"牛嚼"式的精读与"鲸吞"式的泛读。

什么叫"牛嚼"呢?他说:"老牛白日吃草之后,到深夜十一二点,还动着嘴巴,把白天吞咽下去的东西再次'反刍',嚼烂嚼细。我们对需要精读的东西,也应该这样反复多次,嚼得极细再吞下。有的书,刚开始先大体吞下去,然后分段细细研读体味。这样,再难消化的东西也就容易消化了。"人们在精读时,应该学习牛的吃法。

那什么叫"鲸吞"呢?他说,须鲸是鲸类中的庞然大物,游动时俨然一座飘浮的小岛,它却以海里的小鱼小虾为主食。原来,须鲸在游动的时候,一直张着大口,小鱼小虾随着海水流入它的口中。它把嘴巴一合,海水就从齿缝中哗哗漏掉,而大量的小鱼小虾被筛留下来。如此一大口一大口地吃,整吨整吨的小鱼小虾就进入了鲸的胃袋。人们在泛读时,也应该学习鲸的吃法。

一个想要学点知识的人,如果只有精读,没有泛读,每天不能"吞食"它几万字的话,知识就很难丰富起来。因为,单靠精致的点心和维生素丸来养生,是肯定健壮不起来的。

"牛嚼"与"鲸吞",两者不可偏废。既要"鲸吞",要大量地、广泛地阅读各种书籍,又要对其中少量经典著作反复钻研、细细品味。如此这般,精读和泛读就能有机地结合起来了。

近代中国著名的记者和出版家邹韬奋倡导"层次读书法"。他认为,读书有三个层次:第一个层次是**泛读**,随便翻翻,以发现有必要重读的书或章节;第二个层次是**略读**,通过略读发现有必要反复研读的书或章节;第三个层次是**精读**,将略读时选出来的书或章节,细细地咀嚼品味,充分吸收书中的营养。

4. 如何才能做到高效精读?

有人提出了一些具体建议:要把经典论述的句子找出来;要对书中的名词、关键词、概念加以界定;要对该书形成的背景有所了解;要归纳出书本的基本观点和特征;要找出其局限性和不足;要把已经理解过的东西用自己的想法复述一遍;要写读后感;等等。

阅览全书是精读的前奏。其意在于大致了解书籍的主要内容,包括封面信息(书名、作者、出版单位),以及内容概要、目录、序言、前言、跋文和后记。每本书都有其主题和要点,阅览即是要抓住要点,澄清构造,以形成一个归纳性的主题,为进一步的精读奠定基础。

接下来是扫读一个章节,这是真正阅读一本书之实质内容的开端。扫读全章时,要重点关注起首段、结尾段、关键词、摘要、标题、评论和图表等具有代表性的内容。

在掌握全章的归纳性内容之后,要将其分成若干节,并对各节逐一详读,包括"提问、细读、考虑、复述"四个过程。

九、速读与慢读

阅读不同的素材要用不同的速度。阅读一部令人兴奋的小说要比阅读一本专业的生物学课本快得多。如果我们对自己的阅读速度有一个比较精确的估计,就可以较好地安排阅读计划、阅读书目和学习时间。

速读的训练方法有以下几种:

(1)扫视法:要读得快,就需要眼睛看得快。要养成以词句为单位的整体性阅读的习惯,学会合理扫视,纠正默读时动嘴、按"字"阅读、眼睛移动没有规律等不良习惯。要逐步扩大自己的"视知觉广度",使眼球注视的时间缩短,中途回视的次数减少,以提高阅读的平均速度。

(2)搜索法:就是在扫视图书的过程中,搜索出我们感兴趣的语词和段落,搜索书中某些特殊的内容。要善于发现重点,善于发现新问题、新观点和新材料,而且要有目的地加以记忆。如果要提高阅读速度,快速搜索能力的培养则是十分必要的。

(3)中心法(概括法):要迅速把握书中的主要脉络、大意要义和中心思想。有的文章,标题就是中心思想;有的文章,开头和结尾就点明了中心思想;有的则需要通过主要事件或高度概括表达中心思想。

我想,唯有以泛读为基础,进行快速阅读的培养,才是一个行之有效的好方法。

我们可以通过标题来合理推测文章的大概内容;可以通过关键词句对文章的整体内容有个基本的认识;可以通过略读、浏览或跳读等方法,"快速掠过,从中提取最容易取得的精华";也可以通过扫读或查阅、一目十行的方法对文章进行"粗略浏览"。另外,我们还可以通过速度变换,以获得快速准确的阅读效率。

速读的要领包括以下几点:不要反复浏览,只需顺着读一遍即可;要采用"筛选"式阅读法,有意识地为涉猎专业所需的信息而读;要默读,不要朗读;阅读时,视线应与读物垂直,并充分发挥视线的"余光"作用,多浏览一些内容;要聚精会神、有理解、有目的地阅读;要学会运用多种形式的读书法,不断提高阅读速度;要带着问题去阅读。

另外,我们要知道,**形象阅读是快速阅读的一大特征**。

美国学者哈拉里有一句名言:"千言万语不如一张图",意思是形象信息更容易被人们所接受和认识。例如,看同样面积的一段文字和一幅风景画,看风景画只需要一两眼就可以明白,而要看懂一段文字内容就比较费时。众所周知,人脑的左半部分又叫抽象脑,右半部分也叫形象脑。阅读文字用的是左脑,而欣赏自然风景和绘画作品则用的是右脑。两者相比,读书时左半脑接收信息慢而少,而看画时右半脑接收信息快而多。

慢读,也叫缓读,主要用于精读之时,是能不能把书读好的关键步骤。慢读,是指用足够的时间,沉浸在一本书中,不急于"赶路",而是"慢慢地欣赏"。对于新知识的学习、新学说的研读、新作品的鉴赏,慢读都是不可缺失的。

唯有慢读,才有可能做评点、做摘要;才有可能激发钻研和写作的欲望;才有可能去深读;才有可能调动多种感官参与阅读,做到"口眼心耳手脑身"七到。

拾一本好书慢慢品读,我们就可以在文字的细流中沉醉。

约翰·米德马说:"和慢饮食运动一样,慢阅读的目标是拉近读者与所读信息之间的距离。"

选择速读还是慢读,要看阅读目的、读物的难易程度、知识结构与水平。我想,不管是速读还是慢读,我们读的都是有趣、无瑕的灵魂。

十、朗读与默读

朗读,是一种出声的阅读方式,是学习语言的重要手段。**"正确、流利、有感情地朗读"**,是小学生完成阅读教育任务的一项重要的基本功。

朗读,可以让学生在琅琅的书声中开始崭新的一天,并在书声琅琅中度过愉快的一天。

朗读,不仅能增强记忆、培养语感,增强阅读的感受力、理解力、欣赏力,而且可以激活思维,引起联想,陶冶情感,还有利于正确理解和欣赏文学作品。

欧阳修曾经精选了《孝经》《论语》《诗经》等十部书总计455865 个字。然后规定每天熟读 300 字,用三年半时间可全部熟读完毕,并每天背诵 150 字,用七年时间可全部背熟。他说:"虽书卷浩繁,第能加日积之功,何患不至?"这种"计字日诵读书法",每日定量计字,细水长流,集腋成裘,是欧阳修的一种行之有效的读书方法。

明朝文学家、思想家方孝孺在《幼仪杂箴》中曾经说过:"诵其言,思其义。"意思是说:读古人的书,要思考它的意义,记在心里,并见诸行动。

方孝孺自幼聪慧,才思敏捷,每天读书都超过一寸厚。他五岁时就学会了作诗,十几岁时,已能下笔千言。他的读书方法,是在反复诵读的基础上,再深入思索其中的含义。

朗读具有以下一些独特的作用:

(1)可用于朗读散文、诗歌、戏剧、故事等文学作品,来改正发音、增强节奏感、提高措辞和释义能力;

(2)通过朗读能够诊断阅读中的不足,检查流利与准确情况;

(3)可以培养语感,锻炼语音、语调,体会情感。

默读,则是大脑对文字的反映,只运用眼睛和大脑两个器官,省去了口的发声和耳朵的监听,因而阅读的速度就比较快。

那么,默读又有什么好处呢?

首先,默读不影响别人,不受环境的限制,在日常工作和生活中应用最广;

其次,默读属于速读,可以大量阅读、博览群书;

再次,默读时可以默默地思考、比较、推敲和揣摩,可以自由地停顿下来重复看、反复想,从而促进思考和理解。

测试表明,用朗读的方法读书,每分钟的阅读速度仅为500~700字。在考试中,念念有词的朗读、指读会导致阅读速度大为降低,而默读才是一步到位的阅读方法。因为,朗读的程序为:眼→脑→口→耳→脑,而默读的程序很简单,直接为眼→脑。默读不需要逐字逐句地读,而是把整句整行的文字作为一个整体来识别。

默读的基本方法和习惯:动眼不动口,边读边思考,边读边动手。默读,既要会精读,又要会速读;既要咬文嚼字,又要"一目十行"。

十一、碎片化阅读与系统性阅读

碎片化阅读是一个专用名词,特指现代人在休闲时,通过手机、电脑等电子设备浏览或获取资讯和知识的一种阅读方式。这种阅读模式的最大特点是不完整、断断续续。

碎片化阅读是目前阅读的趋势,也是当下的时代特征。但这种阅读方法有以下几点弊端:

(1)因为这些不需要动脑的内容和信息是浅显的、不完整和不系统的、易于理解的、不需要过多思考就能够获取的,所以很容易使我们形成阅读惰性,令我们不愿意去主动学习和理解。

(2)长此以往,我们的阅读刺激阈值就会提到比较高的程度,只会对那些标题"震惊"、简单粗暴、能够调动情绪的,或是与我们的自身欲望有直接关联的文章感兴趣,而对于有哲理、有深度的文章常常没有阅读的"胃口"。

(3)碎片化知识会损害我们原有的思维逻辑,造成价值观的混乱。因为,所有的碎片化阅读都无法使我们获得深入的、完整的理解,而往往只有一条简单粗暴、肤浅偏激的建议。另外,碎片化阅读所掌握的知识,来得快,去得也快,知识点会很快变成过眼云烟,最后的结果一定是空空如也。

(4)会让我们变得越来越浮躁,注意力涣散,这都是"手机"

惹的祸。由于手机的影响,我们的心智空间被手机中的朋友圈、"王者荣耀"、各种媒体平台、无数的 APP 所充斥。这使得我们无时无刻不处于各种诱惑之中,常常使我们持续地处于一种高度紧张的、不断试图寻找刺激的状态之中。

(5)会使我们产生一种获得了丰富知识的错觉。要知道,获取了资讯和信息,并不等于获取了"知识",更不等于获得了"智慧"。碎片化阅读可以轻易地获取一个个知识点,非常快捷地"知其然"。但是,这些知识点犹如一盘散沙,难以搭建成高度关联的知识体系,不足以支撑系统性的思考,也就很难做到"知其所以然"了。所以说,要想通过碎片化的阅读来获取知识、构建自己的知识体系,这是不太可能的。

但是,碎片化的阅读方式并非一无是处。因为,碎片化的阅读能够带给我们大量的信息。同时,碎片化阅读还有交互性强、快速及时,以及可以充分利用零碎时间、与现代生活节奏相适应的优点,这些都是传统的深阅读和系统性阅读所不具备的。

碎片化阅读容易让我们被动地成为信息的接收器,而系统性阅读则可以使我们把握主动权,享受思考的过程。并且我们可以在这个过程中,与作者进行跨越时空的对话,产生碰撞,引发共鸣,把自己变成信息的处理器,充分享受阅读的整个过程。

系统性阅读的过程可能会很慢,短期不会有什么效果,甚至是无用的。但是,因为有持续的思考、缓慢的消化、持续的反刍,知识的吸收率就会变得更高。

作家王蒙认为:"浏览不等于阅读,更不等于苦读、攻读、精读;信息不等于学问,更不等于见识、智慧与品质;被传播不等于真正接受与收获。"系统性阅读作为一种主动行为,强调的是我读、我思、我问和我答,其思维强度、思考深度和理解程度都远远大于碎片化的"新兴阅读",其获得感和满足感自然也远远高于后者。

总体来说,系统性阅读更能使人沉静,最能锻炼人的心性和思维能力。真正把身心投入进去读一本书,就会自然而然地把自己沉下来,渐渐养成宁静平和的气质。

"腹有诗书气自华,最是书香能致远。"书籍是人类的思想宝库。我们在汲取前人智慧的同时,也必然伴随着自己的深切感悟和深刻思考。这既是一个学习的过程,也是一个锤炼思想的过程。

我们要养成系统性深阅读的习惯,每天要在环境幽静的情况下,抽出 1～2 个小时的固定时间,来阅读那些有深度的、专业性的、需要动脑思考的书籍,并强迫自己做读书笔记和思维导图。

我们要正确把握传统的系统性阅读与碎片化"新兴阅读"这两者之间的关系。应以系统性阅读为主,以"新兴阅读"为辅;应始终保持读书的恒心和钻劲,养成每天读书的好习惯,用制度化的措施来推进读书的常态化、长效化;应对手机上的内容跳跃性地看、限定时间看、选择时机看,用零碎的时间进行浅阅读,不必把大量的整块时间浪费在看屏幕上。

英国作家毛姆喜欢坐在公园的长凳上读诗,这是他读书的习惯之一。而唐宋八大家之一的欧阳修有一个"三上""三多"的阅读写作习惯。"三上"即马上、枕上、厕所上,说明欧阳修充分利用了途中的时间、睡前的时间和如厕的时间去学习和构思写作。"三多"即多看、多做、多商量。也就是说,要写好文章,一要多读书,读好书,从名人名篇中获取养分;二要多练习,形成良好的写作习惯;三要多向他人请教,多与朋友切磋商讨,只有这样才能扬长避短。

北宋大臣、文学家钱惟演平生爱好读书,坐则读经史,卧则读小说,上厕则阅小辞。他认为,读经史严肃,当正襟危坐;读小说轻松,取卧姿而通体舒泰;小辞短促铿锵,大概有助气沉丹田。

许多有成就的古人善于利用一切零星时间,养成了随时读书、随处读书的好习惯。明末清初,由于战事频繁,大学者顾炎武常常外出避乱。在赶路的途中,他总是将两匹马和两匹骡子养得肥肥壮壮的,为的就是能多装几箱书。他常常是一边赶路,一边调查访问。如果发现平时所学与现实有出入,就认真地记录下来,等到了休息的地方,再打开箱子翻书核对。遇到平坦的道路,他就信马由缰,骑在马背上出神地读书,默背考证注释。长久下来,顾炎武"马背书馆"的美誉便不胫而走,并一直流传至今。

应该这样说,如果碎片化阅读是甜点,系统性阅读就是正餐。系统性阅读搭建起坚固的框架,使得碎片化阅读也可以有所依附。先贤早已告诉我们未来的答案,只是愚昧的我们还未能辨别虚实。我想,在当下的知识"碎片化"时代更需要系统性阅读。

十二、微阅读与深阅读

从刀耕火种的原始时代,到甲骨文的首次出现;从竹木到丝帛,再到纸张的发明,对于中国来说,五千年的文明史到底给我们留下了什么？

我想，书籍之外，很少有他物。

但是，有调查显示，我国成年人平均每天的读书时间越来越短，只有14分钟，而上网时间越来越长，平均每天超过34分钟，甚至更长。

有一点还是可喜的，仍然有74.4％的18岁到70岁国民更倾向于"拿一本纸质图书阅读"。这就意味着，传统阅读仍是主流。浅阅读和深阅读、微阅读和长阅读都在上升，说明全民阅读总体的趋势是好的。

事实上，"微博控""微信控""QQ控""手机控"这些新兴阅读方式，已成为越来越多年轻人的选择。微博与微信朋友圈也成为中国最大、最时髦的圈。

1. 微阅读的利与弊

有新闻说，一个小孩一天接收的信息相当于15世纪一个成人一年接受的信息量。微阅读的强大可见一斑。微阅读使我们利用了碎片时间，使我们生活得更加方便快捷，使我们拥有更多实现人生理想的机会。

信息时代的到来，互联网的普及，手机等移动终端"飞入寻常百姓家"，"微时代"的到来，使得"手不释机""手不离机"成为一道风景。于是，"拇指文化"与"指尖文化"、"微阅读"与"浅阅读"应运而生、发展迅速。

现在，人们越来越倾向于通过微博、微信、QQ来获取信息。微阅读不仅带给人们极大的便利，还带来了海量的资讯，使得人们常常处于"我又获得新知识"的成就感与快感之中。然而，微阅读的本质是"碎片化"，属于"浅阅读"的范畴。可以这样说，它降低了阅读的难度,也消解了阅读"系统性"与"深刻性"的特征。

另外,在互联网中,还充斥着大量的八卦、心灵鸡汤、伪科学、非主流的意识形态和庸俗文化,以及暴力、色情和颓废等不良信息。

文化学者鲍鹏山以为,"当知识不成体系时,它是无用的,只是碎片","无聊的知识会让人生变得无聊,琐碎的知识会让人格变得琐碎,甚至猥琐"。也就是说,碎片化的阅读可以为我们带来知识,但如果因此放弃了系统性、深刻性的阅读,我们就很有可能将智慧也一并丢掉了。

我们把这些快速浅阅读的人群戏称为"**低头族**",而这种阅读姿态,似乎又与20世纪法国小说家普鲁斯特的观点相悖。他认为,书籍"是黑夜和沉默的产物,而不是白昼和闲聊的果实"。

微阅读与碎片化阅读通常有两种理解:一方面是指阅读内容的微小化、碎片化,相对于传统意义上较完整的内容而言,这些都是零碎化、片段化、非结构化的阅读内容;另一方面是指阅读时间的微小化、碎片化,相对于连续性阅读,微阅读和碎片化阅读是读者利用工作或其他活动的间隙和零碎时间,通过手机等电子终端接收器进行不完整、断断续续的阅读模式。

微阅读固然有实用性和消遣性的好处,却无形中消解了需要深入阅读时的沉潜心态,而人们知识的长进,很大程度上并非取决于单纯信息量的累加。

深阅读需要"关机",需要沉浸,需要专一,需要暂时切断与外界的联系,而进入一种类似生命体验的状态。即使读消遣性的内容,也要入乎其内,才能得其妙处。

早在1971年,经济学家赫伯特·西蒙就对现代人的"注意力的匮乏症"作出了一个最好的诊断:信息所消耗的,是接收者的注意力,信息的聚敛必然意味着注意力的匮乏。在海量的"微文化"产品面前,人们在适应了200个字的阅读之后,再捡起一部几百页的书本,确实比啃下一块砖头还要难;在习惯了只有几分钟的短视频之后,要在影院里看一场两三个小时的电影,对不少人来说,也会变得如坐针毡。

应该这样说,微阅读这种快餐文化,已经成为一种生活方式,并非完全不可取。不过,对这种文化,我们要有节制地享用,才能在"快餐"与"文化"中找到一个最终的平衡点。

我想,最要紧的是,在微阅读过程中,我们要学会整理自己收集的大量"碎片"。

有人说过:"旅行者看到的即是风景,而旅游者只看到他前来观赏的美景。"

"旅游"仅仅是"一段返回起点的旅程";而"旅行者"则是"踏上旅途或旅程的人,特别是到遥远陌生的地方旅行的人"。"旅游者"强调的是返回原点、返回家园;而"旅行者"强调的是去上路,去做一个行者,去一个崭新的异国他乡进行一番探险。

我想,阅读也是如此。我们不可成为一名阅读的观光客、旅游者。因为,"上车睡觉,下车拍照,回到家里一无所获"式的走马观花,是一种对生命的浪费。我们应当成为一位阅读的旅行者、探索者,来一场全情投入、心灵洗礼式的文化探索。

2. 微阅读就是一种浅阅读

浅阅读是指浏览式的、泛泛的、浅层次的阅读,不用对所阅读的内容作深入的思考,而深阅读是指进入书本的情境,需要许多深入思考的阅读。

浅阅读是一种以简单、轻松，甚至以娱乐性为追求目标的阅读形式。可以采取跳跃式的阅读方法，囫囵吞枣、一目十行、不求甚解。因为，它所追求的，是短暂的视觉快感和心理愉悦。

外界对浅阅读的看法褒贬不一。有人认为这种阅读方式适合当今社会的快节奏，是一种潮流且有实用性。

浅阅读的特点之一是**快餐式**，属于"快阅读"，表现为走马观花、浅尝辄止、泛泛而谈，消化与吸收、抛弃与更新、理解与遗忘都很快。

浅阅读的特点之二是**随意性**，不求系统与高深，不需品位与精致，读什么、怎么读全凭自己一时的兴趣。

浅阅读的特点之三是**碎片化**，如手机短信、微博和微信等，阅读模式不完整、断断续续、即看即忘。

浅阅读的特点之四是**享乐化**，追求感官上的享受和刺激成为阅读的一个直接原因，把版式、照片和视觉因素放在重要位置，力求迅速抓住读者的眼球。

浅阅读的特点之五是**跳跃性**，阅读的速度很快，虽能大概明白意思，但是不能深入理解。

3. 浅阅读时代也需要"深"思考

浅阅读常常不能深入，也就容易演化为浅思维。如果仅限于浅阅读，沉溺于浅阅读，那么这对于国家和民族将是灾难性的。所以，我们更需要深阅读。

深阅读讲究反复咀嚼、品味和思考，它以获取知识和能力、提升自身素养为目的，使自己的知识向精、深、专的方向迈进。

对不以读书、研究为职业的人来说，浅阅读未尝不可。但是对于整个社会，对于传统文化的传承和国民素质的提升，深阅读万万不可废弃。古人读书追求"**博学之,审问之,慎思之,明辨之,笃行之**"。韩愈自述所读之书不过数种。曾国藩也反复强调读书要专,"穷经必专一经,不可泛骛","但一部未完,不可换他部,此万万不易之道"。

经典的厚重与丰实,也注定了阅读的艰难与沉潜,这是浅阅读所无法比拟的。

要知道,深阅读经典著作所带来的增进和提升,如感受力、想象力、审美力和判断力,是不可量化的。我想,这种获得感恰如里尔克诗中的景象:"这当儿,我从书中抬起眼来,一切都已变得伟大,没有任何景象再令人惊奇。"

喜欢深阅读的人,一定会在春日里外出去踏青,感受那"浴乎沂,风乎舞雩,咏而归"的惬意;一定会在夏夜里与朋友谈心,感受那清风半夜、蛙声一片的欢喜;一定会在秋日里携人登高,感觉那落木萧萧、万里悲秋的壮美;一定会在冬夜里独自神游,感受那一夜寒风、万树梨花的凉意。

人类既需要自然风景,更需要精神风景。我们行万里路,是为了看那万千的自然风景;读万卷书,是为了看那迷人的精神风景。

不管世事如何变迁,我依然坚信,脚不能到达的地方,心一定可以到达。

深阅读,能让我们在忙碌的生活中拥有一份闲情,在快节奏的工作中暂停脚步,让心灵拥有纯净如水般的温暖。

应该这样说,浅阅读是我们生活的状态,而深阅读则是一种认真生活的态度。

如果说,一目十行的浅阅读是一盒快餐,那么,细嚼慢咽的

深阅读则是一顿大餐，能帮助我们溯本求源，并能使我们透过现象看清事物的本质。

　　深阅读是一种主动的行为，是一种选择。传统的深阅读，可以让人静下心来全身心地投入到阅读中。养成了深阅读习惯的人，就会比别人走得更远，更接近成功。

　　要知道，浅阅读和深阅读既是阅读的态度，也是我们阅读不同内容时所应采取的不同方式。适合浅阅读的，我们不必去深阅读。同样，适合深阅读的，也不应去浅阅读。

　　如何去区分，如何去选择，这需要智慧。

9

现在令人担忧的是,浅阅读已经成为大多数人的阅读方式。人们常常将阅读娱乐化、游戏化、碎片化当成一种时髦,追求浅显易懂的内容,不愿作深入思考,浅尝辄止、不求甚解。

人的猎奇心总会驱使我们不断地进行点击搜索和读屏浏览,可是我们又不能安下心来静静地阅读。虽然我们会轻易得到大量信息,但是,我们得到的知识和常识很少,更不用说思想和智慧。

毋庸置疑,有些纸质读物适合浅阅读,如一些生活类报纸和非学术类刊物,以及导游、指南和漫画类图书。但遗憾的是,我们不会去整理和甄别所获取的信息,不会去撷取精华、淘汰垃圾,常常在海量的信息面前无所适从,最后被信息所淹没。

人文经典是要求深阅读的,并且最好的方式就是纸质阅读。意大利作家伊塔洛·卡尔维诺在《为什么读经典》一书中列举了十四条经典的标准,第一条便是:"经典是那些你经常听人家说'我正在重读……'而不是'我正在读……'的书。"

《如何阅读一本书》也指出:"人间有许多问题是没有解决方案的。一些人与人之间,或人与非人世界之间的关系,谁也不能下定论。这不光在科学与哲学的领域中是如此,因为关于自然与其定律,存在与演变,谁都还没有,也永远不可能达到最终的理解,就是对于一些我们熟悉的日常事务,诸如男人与女人,父母与孩子,或上帝与人之间的关系,也都如此。此事你不能想太多,也想不好。伟大的经典就是在帮助你把这些问题想得更清楚一点,因为这些书的作者都是比一般人思想更深刻的人。"

中国古代也有关于经典的精彩表述。魏征在《隋书·经籍志序》曰:"夫经籍者也,神机之妙旨,圣哲之能事,所以经天地,纬阴阳。"

　　坚持深阅读下去,就可以让自己诗意地生活在这个世界上;就可以忘怀得失,安贫守静;就可以淡泊自守,宁静从容;就可以始终把握自己,常常审视自己,不断超越自己。

　　深阅读,是我们在成长过程中必须经历的,而且是永远都不能轻视的生活方式。深阅读是浅阅读不可替代的,这也是许多人感到互联网阅读不"解渴"的原因。

　　我们每个人的真正阅读,是为了寻找一种精神的深度。我们每一个人的内心都是多层的、丰富的,这就决定了我们既需要一般性的浅阅读,更需要真正能满足我们广阔内心世界的深阅读。

　　当今世界,发达国家也在提倡传统式深阅读。美国政府提出了"美国阅读挑战""阅读优先"等计划;英国政府也举行了"阅读年"活动,试图打造一个"读书人"的国度,重新唤起国民对深阅读习惯的注意。这对国人是一个有益的启示,那就是,我们既要浅阅读,更要深阅读。

十三、主动阅读与被动阅读

　　主动阅读,是指我们根据自己的喜好而有选择地阅读。其阅读内容都是自己喜欢的,或是自己能接受的观点和信息。这样做的弊端是,容易把自己封闭起来,会被固有的信息圈锁住。

　　主动阅读,不仅仅是一个"浏览"内容或"吸收"知识的过程,还是一个动用心智,努力去"理解"内容的过程。

　　被动阅读,就是不以个人的喜好而进行的不可控的阅读,往往是别人强加给自己的阅读,个体根本无法作出选择。

被动阅读有四个特点:

(1)拿到一本书,不会先给书作分类。读者不会去想,这是本理论书还是实用书? 是心理学著作、历史著作还是人文社科类著作?

(2)不关注目录,直接翻到正文就开始阅读。

(3)如果靠在柔软舒适的床上读一本有点难懂的书,很快就会昏昏欲睡。

(4)从头到尾仔细读,但从来不会自己提出什么问题或质疑。

而作为一个有自我要求的主动阅读者,在阅读时应该问自己四个问题:

(1)整体来说,这本书到底谈了些什么?

(2)在各个章节,作者说了些什么? 怎么说的?

(3)这本书说得有道理吗? 是全部有道理,还是部分有道理?

(4)这本书跟我有什么关系? 如果这本书提供了一些资讯,就一定要问问这些资讯有什么意义。为什么作者会认为这件事很重要? 你真的有必要去了解吗?

阅读的主要目的是为了提升理解力,而要提升理解力就需要进行主动阅读。

怎样才能成为一个主动阅读者呢?

一方面,就是要有积极主动的态度,要带着问题去阅读,而不是完全被作者牵着鼻子走。

书籍是横渡时间大海的航船。

我们要牢记，有一分耕耘，才会有一分收获；要有好的收获，就必须辛勤耕耘。

"学问"这两个字的含义，就是在学中问、在问中学。

所以，在阅读时，要多问几个为什么。陶行知把这种提问比喻为"八位顾问"：何事、何故、何人、何如、何时、何地、何来、何去。而在传播学的理论中，也有"5W理论"，即"when""where""what""how""why"。

另一方面，是要掌握一定的阅读技巧，例如，做点笔记、找出主旨、列出大纲等方法。

学会主动阅读，就能活出自己想要的样子。

"吾十有五，而志于学。三十而立，四十而不惑，五十而知天命，六十而耳顺，七十而从心所欲，不逾矩。"这是《论语》中很有名的一段话。意思是说，从十五岁开始，孔子就有了明确的学习方向，立志于学习圣人之道。经过十五年深入的学习和思考，到三十岁时形成了自己的一套学说体系。四十岁时就不再对目标有所动摇，五十岁知道命运是自己造成的，六十岁能听取不同的意见，七十岁时就可以随心所欲去做不逾矩的事。

在孔子的人生轨迹中，促使其心智模式不断成熟，从一个平凡的读书人转变为流芳百世的大圣人的力量，就是主动阅读。

阅读是后天形成的一种文化行为，所以一开始往往是被动的，"好比进饭馆，哪家人多就进哪家"。有的人一辈子都在被动阅读，而真正主动阅读的人，必定是对人生有反思、有追求、有精神层次的人。当然，也有一些人会挣脱被动阅读的惯性，转向主动阅读，以丰富和提高自己。

然而，真正做到主动阅读并非易事，现实的情形也不容乐观。电子时代,知识爆炸,信息应接不暇,阅读资源极为丰富,看起来人们可以轻易地获取所需要的信息,其实我们每个人依然在被动阅读里徘徊。那些"官场书"、厚黑书和权谋书的畅销,其实也是"被动阅读"大行其道的一种折射。

莫提默·J.艾德勒在《如何阅读一本书》中说:"这个读者比另一个读者更主动一些,他在阅读世界里面的探索能力就更强一些,收获更多一些,因而也更高明一些。"

要学会主动阅读,别让我们的书都白读。

十四、真正阅读与有效阅读

法国诗人和散文家斯特芳·马拉美在《伊吉图》一文里,曾经有过这样的描述:有一间空屋子,桌子上有一本书,正等着它的读者。这种阅读的最初情境,把等待看作是书对人的一种期盼。我想,等待的介入,才是真正阅读所必须具备的元素。

读书,就是读者将沉睡在纸质里的灵魂唤醒,正如雕塑家一样,他唤醒的是沉睡在石头里的灵魂。

"只要手里有一本书,我就不会觉得浪费了生命。"我想,只要手中有一本书,人生就还有希望。因为,阅读是一个普通人改变自己命运的最佳途径,而一个人的气质里一定藏着他(她)读过的书。我坚信,阅读是改变容颜最好的化妆品。

但在现实生活中,很多人会问这样一个问题:一场真正的阅读真的能够实现吗?

如果我们能够"进得去",从书中认出了一些人,理解了他们的情感,走进了他们的精神世界,我想,这才是一种真正的阅读状态。

另外,除了能"钻得进去",迷于书中的情景,真正的阅读还要"跳得出来",学以致用。能够"出得来"的读书人,就不是一个书呆子。

南宋人陈善在《扪虱新话》一书中写道:"读书须知出入法。始当所以入,终当所以出。见得亲切,此是入书法;用得透脱,此是出书法。盖不能入得书,则不知古人用心处;不能出得书,则又死在言下。惟知出入,得尽读书之法也。"这段话的意思是说,读书要"知入知出"。

"入",就是要走进书里去,读懂吃透,掌握书中的内容实质;

"出",就是要从书中跳出来,能够灵活运用书本知识以解决实际问题。

开始读书时,要求"入",而读书的最终目的,则是要求"出"。陈善根据自己的读书经验而总结出来的"出入读书法",实际上是告诉人们要活读书,而不能死读书。

著名批评家夏尔·杜波斯的一句名言是这样说的:"人的确是个场所,仅仅是个场所,精神之流从那里经过和穿越。"真正读书的人,从来都不缺少自由的灵魂,他们的心灵无须设防,却永远不会被攻陷。

一个真正的读书人应该具有**四个特点**:真正喜欢读书,以读书为快乐;自觉阅读专业以外的书籍;喜欢藏书;能够写作。

关于有效阅读,我们要注意以下几个问题:

(1)读得慢,长此以往读得就少;

(2)阅读中有30％～50％的内容都是没有用的;

(3)可用敲打节拍来刺激皮层,但不可依赖过多;

(4)要做思维导图或心智图;

(5)利用空闲的等待时间来阅读,随身携带书籍;

(6)跟同伴分享,因为讨论能减少理解偏差;

(7)阅读时要区分哪些是自己知道的和不知道的,避免浪费时间;

(8)高速大量地输入知识,俗称"**鲸吞式读书法**",这是十分必要的。因为,长时间的注意力的高度集中会让大脑更灵活;

(9)写读书笔记,总结书中的内容,加速提高自己的概括力;

(10)要让阅读本身成为一种乐趣。

我一直相信这样一句话,"不管这世道怎么变,我永远也不会忘记:**我开始读书的时候,读书是一种受人尊敬的高尚行为**"。

"非洲圣人"艾伯特·史怀哲是20世纪人道精神的划时代伟人、著名学者。毋庸置疑,他具备哲学、医学、神学和音乐四种不同领域的才华,是一位了不起的通才、卓有成就的世纪巨人。然而,他一生的成就还是来源于信仰的动力与博大的爱心。

史怀哲青年时代多才多艺,不仅是一位神学和哲学的双料博士,而且还是一位享有盛名的管风琴演奏家和巴赫音乐的研究者。1905年,已经30岁的史怀哲突然决定放弃他的所有荣誉,奔赴非洲丛林去当一名乡村医生。为了达到这一目的,他转而习医。1913年,他以医学博士的身份携新婚妻子海伦娜去了非洲的伦巴兰,创办了一所丛林诊所,并在蛮荒丛林中行医达五十余年。1954 年获得诺贝尔和平奖之后,他就用奖金建了一个麻风村。90 岁时,史怀哲逝世于非洲,被世人称为"非洲之父"。

　　在非洲恶劣的环境条件下,史怀哲写下了大量有关文化和伦理学的著作,创立了"敬畏生命伦理学"。我想,这就是真正的读书人,有社会担当,有大爱和博爱的情怀。

第九章　读书笔记与写作创作

——"要想做学问,就要多读、多抄、多写。除此之外,没有什么秘诀。"

　　读书笔记,也叫读书札记,是指在读书时,为了把自己的心得体会记录下来,或为了把文中的精彩部分整理出来而做的笔记,也就是前面提到的读书"七到"中的"手到"。

　　俗话说得好,"不动笔墨不读书"。在读书时,做读书笔记是训练阅读的最好方法之一。我们要知道,记忆,对于积累知识是重要的,但是不能仅仅依赖记忆。因为,记忆力会衰减,我们以前记住的事情也会逐渐被遗忘。

　　所以,我们要用笔记来管理我们的读书生活,要让笔记成为我们读书时的好伙伴。

　　列夫·托尔斯泰一直要求自己:身边永远带着笔和笔记本,在读书和谈话的时候,如果碰到美妙的话语,就要把它记下来。列宁读过的书上,常常也写有眉批,还有读书心得、内容摘要等。

　　毛泽东青年时代读书时,一直坚持做笔记,仅在一本不是很厚的《伦理学原理》上,就写了万余言的评语。

被誉为当代"文化昆仑"的钱钟书先生,其知识之渊博、古文功底之深厚、著述中引用之广博,令人叹为观止。常人所不知的是,钱钟书的博学,不仅与他的天才有关,更与他的勤奋有关。据钱钟书夫人杨绛先生回忆,钱钟书做笔记的习惯是在牛津大学读书时养成的。他的全部外文笔记本有一百七十八册,共计三万四千多页。

著名历史学家吴晗说过:"**读书是学习,摘抄是整理,写作是创造。**"写作是一个运用语言文字符号反映客观事物、表达思想感情、传递知识信息的过程,属于创造性的脑力劳动。

作为一个完整的系统过程,写作活动大致可分为"**采集—构思—表述**"三个阶段。简单来说,写作是生活中的信息记录,以及与人沟通、交流、传播和分享信息的一种方式。就像我们平常说话一样,写作就是用笔来说话。

作为人类凝聚思想、表达情感、加工与传递知识的基本手段,写作是人类精神生活与社会实践活动的重要组成部分。同时,也是创作文学作品的重要途径。

写作是人类表现无穷创作力的方法之一,这些作品统称为文学。作品的情节可以是虚构或纪实的,可以表现为各式长短的文章、诗词歌赋、小说、剧本和书信等。

创作,是指创造文学艺术作品,是我们综合能力与创造能力的集中体现。文学创作是一种特殊的、复杂的精神生产活动,是作家通过对生命的审美体验和艺术加工,创作出可供读者欣赏的文学作品的过程。

文学创作的整体特征,包括有目的和无目的、物质创造和精神创造、作者创造和读者创造。歌德曾说:"我只不过有一种能力和志愿,去看去听,去区分和选择,用自己的心智灌注生命于所见所闻,然后以适当的技巧把它再现出来,如此而已。我不应把我的作品全归功于我的智慧,还应归功于向我提供素材的成千成万的事情和人物。"

一、读书笔记的作用

做读书笔记不仅能提高阅读书、文的效率,而且能提高科学研究和写作创作的能力。所以说,笔记是人脑有效的外置存储器,是一个人记忆能力的延伸。

做读书笔记的作用包括以下几点:

(1)可以累积资料,开阔视野,提高语言文字的表达能力;

(2)可以帮助记忆,深化印象,弥补脑力的不足,大大提高读书的效率;

(3)可以进行有效的分类整理;

(4)便于日后查询;

(5)记录重点,便于复习;

(6)帮助我们全神贯注地听讲,不会走神;

(7)可锻炼思考能力,锻炼思维的条理性、逻辑性和分析综合能力;

(8)可产生新的思考,有利于发现和研究新问题。

常言道,"眼过千遍,不如手过一遍","最淡的墨水,也胜过最强的记忆"。

宋代史学家司马光的巨著《资治通鉴》就是用"苟有可取,随手记录"的方法,坚持不懈地做了三十余本读书笔记,并以此为基础编写而成的。

梁启超也很重视读书笔记。他说,抄录或笔记是读书极笨拙、极麻烦,而又极必要的方法,"大抵凡一个大学者平日用功,总是有无数小册子或单纸片,读书看见一段资料,觉其有用者即刻抄下,资料渐渐积得丰富,再用眼光来整理分析它,便成一篇名著"。

二、读书笔记的种类

自古以来,我国的文人、学者都很重视做读书笔记。其实,除《易经》之外,所有的书籍都是一种笔记。有学者认为,《易经》也是向大自然学习后的一种观察笔记。

除孔子的学生记录了老师教导的《论语》之外,《对话录》《福音书》也是苏格拉底和耶稣的学生、门徒记录老师思想、言行的读书笔记。

可以这样说,现在我们所能读到的书,都是一种读书笔记,只是一本整理出版了的读书笔记。

做读书笔记既是消化书本知识的有效手段,又可以积累有用的材料,训练思维的逻辑性和条理性,提高分析问题和解决问题的能力。

不管写什么样的读书笔记,首先要读懂文章,这是基础。

做好读书笔记的目的有三个:一是让自己购买的书物有所值;二是加深记忆与理解;三是为己所用。

读书笔记的种类有很多,主要包括以下几种。

1. 符号式笔记

读书时,把书中重要的或有疑问的地方,用各种符号(直线、曲线、括弧、三角、问号……)勾画出来,或在书的空白处写上批语,这就是符号式笔记。

读书时,如发现优美语句、典范引文、重要段落和新颖说法,以及特别值得注意的地方,为提醒自己,可批注"注意!""重要!""用心记住!""抄写笔记"等字样,使自己的注意力更加集中,并为今后的重点阅读提供备注。

读书时,要把自己的感想、质疑和体会,在原书正文旁边加上批注或批语。批语可以是对书中一段内容的概括,也可以是心得体会,或是对书中某一个问题提出疑问等。虽是寥寥数语,却言简意赅。

我国古代学者很注意用这种方法评点名著,如金圣叹评《水浒》、脂砚斋评《红楼梦》等等。

这种方法的特点是简便、省力,读、记同步进行,一边读,一边记,书读完,笔记也做完。另外,还可使书上的重点问题、疑难问题一目了然,为提纲笔记、摘录笔记等其他形式的笔记做好了准备。

符号式笔记的目的主要是为日后服务:一是可以在重新翻阅时起引领和指导作用;二是可以为今后有机会整理利用之时提供写作的方便。符号式笔记在古代很流行,毛泽东也很喜欢做这种笔记。

做符号式笔记需要注意以下几点：

(1)所读的书必须是自己的。对于图书馆的或从别人那里借来的图书，不应该在书上乱批乱画。

(2)每一种符号所代表的意思应该固化下来，不要随意改动。例如，用"__"表示重要的内容，用"。。。"表示精彩的句子或优美的词汇，用"△"表示应当特别注意的地方，用"?"表示尚未弄懂的问题等。以后看书，就要按自己的这个规定去使用这些符号，不得随意更换、改变。

(3)符号不能标注过多。如果整页都圈上圈、画上线，全都成了重点，就等于没有了重点，符号也就失去了它存在的意义。

(4)要清楚整齐。不要把书弄得很脏，不可涂画得连原文都看不清楚了。

2. 摘录式笔记

摘录式笔记就是把我们从书上、报上、杂志上和网络上看到的一些精辟语句、富有哲理性和启发性的内容、重要观点、有用的数据和材料抄写下来，以便于记忆，并领会其要点。其目的是积累各种资料，为科研、教学、学习和工作做好准备。可按原书或原文系统地摘录，也可摘录重要论点、段落和重要数字。

摘录的内容根据个人的兴趣、爱好和需要而定。大体有以下几种：名言警句，巧妙的比喻、动人的描写和抒情的句段，以及精确的主题句和引人深思的典故等等。

清代大臣梁章钜在《退庵随笔》一书中这样说，"山东历城人叶奕绳谈读书强记之法时说，我比较迟钝，每读一本书，遇到自己喜好的句段便抄录下来。抄录后朗诵十遍，然后贴在墙上。这样，每天多则三十几段，少则六七段。不读书时，就看贴在墙上所抄录的句段,每天有三五次,务必做到精熟,一字不漏"。

　　这种方法看起来比较费事,其实是一种省时省力积累知识的好办法。摘抄可以加深理解和记忆,日后查找起来,面对茫茫的书海,我们就能体会到做摘录笔记的优点了。

　　宋代有人去拜访大文学家苏轼,在客厅里等了好久才见到主人出来。问其缘故,苏轼回答说正在抄《汉书》。来客十分惊讶:"以您的才学还用抄书吗?"苏轼谦虚地摇了摇头,说:"这是我第三次抄《汉书》了。"正是这股"抄"劲儿,使苏轼成了一代名士和文坛巨擘。

　　我想,有一点我们必须明确,整篇大段的原文摘抄并不等同于做笔记。花很多时间去摘抄好词好句、好段好文,其实是一种"低效的勤奋",是一种没有难度的劳动。这种行为只是一种被动的输入,不涉及知识整理,不容易记牢,耗时又低效,对加深记忆和加深理解用处不大。

　　有人建议,可以用输出卡片来代替摘抄笔记。这样,不仅摘录了一些书中的原文,更有读者自己的观点。输出卡片的过程,就是最好的理解与记忆。

　　摘录式笔记包括以下几种形式:

　　(1)索引式:只记录文章的题目、出处。如书刊篇目名、编著者、出版年月日和藏书处。如果是书,要记册、章、节;如果是期刊,要记年、卷、期;如果是报纸,要记年月日和版面,以便日后查找。

　　(2)抄录原文式:照抄书刊文献中与自己学习、研究有关的精彩语句和段落等,可作为日后应用的原始材料。摘抄原文要写上分类题目,并在引文后面注明出处。

(3)评注式:有些人在做摘录式笔记的同时,也做一点评注式笔记。在摘录的同时,写出自己对这些要点的看法和评价。

做摘录式笔记时要注意以下几个问题:

(1)要有选择地抄录。把文中对我们最有用、最有启发性的内容抄下来,每条抄录笔记应当"少而精"。"少"是指字数较少,"精"是指内容上要把握要点。

(2)要忠于原文。既然是摘录,作者怎样写,我们就应怎样抄。不但词句不能改动,就连标点符号也不能改动,以备以后引用。一段话中,前后和中间不需要摘录的文字,可以用省略号表示。

(3)要注明出处。摘录时一定要分门别类,同时必须注明出处、书名、作者、页码、版本、出版社和出版日期等,以便将来引用时能做到言必有据、规范完整。如果是在报纸、杂志上抄录的,就要把读物的名称、日期写上,还要注明文章的标题和作者。

3. 剪贴式笔记

在自己订阅的报纸、杂志上或网络上看到好的文章或其他有用的资料,要及时剪辑或拷贝下来,经过整理归类成剪贴式笔记。这种方法的特点是收集材料快,也很简便。

剪贴式笔记需要注意以下几点:

(1)要按不同的内容分类。可以准备几个用来贴剪报的本子,或把一个本子分成几个部分,把语文知识、历史知识、自然常识等内容分别贴进去。也可以在自己的电脑上,新建一些文件夹目录。

(2)每一条剪贴的内容要注明出处和时间(何种杂志或报纸、哪一年哪一期等)。

(3)短小的剪贴式笔记也可以作为读书卡片的内容。

4. 感想式笔记

读完一本好书或一篇好文章,将自己的感想和体会写出来,这种读书笔记就是感想式笔记,也叫读后感、心得体会。

这种读书笔记重在训练一个人的理解和表达能力,也是中小学生在写作时经常需要用到的。

(1)心得式笔记:即读后感、随感,是读书或读文章后自己的一点认识、感想、体会和启发。

写心得式笔记时不仅要对原著有深刻的理解,而且必须在某一方面有所触动和触发。好的心得或笔记总是富有新意或创见,既有助于加深对原著的理解,又能拓展思路、升华见解。

心得式笔记的特点是内容广泛、形式灵活、篇幅随意。只要读者确有所得、实有所感,即可提笔写出自己的所思所想、真情实感。其行文多为叙议结合:叙就是要概述或摘引所读的内容;议则是通过阐发、联想、引申、类比、对照和批驳等手段,从所读内容之中生发出新意或创见。叙宜精当、简明,议须切实、深刻。要写好心得式笔记,文字功夫固然需要,较高的认识能力和思想水平也必须具备。

写心得体会札记,必须扣紧原文,边引文,边分析,边议论,防止断章取义,曲解原文。勿借题发挥,勿溢美,勿偏激,客观公正,写出自己真实的感受。

常用的方法有:①札记,是摘记要点与心得相结合的产物;②心得,也叫读后感,是将读书体会、感想、收获写出来;③综合观点、见解,提出自己的看法并记录下来,这也是很好的读书方法。

(2)感悟式笔记:比心得式笔记要高出一层次。一般分为以下三步:

一是"引",先写自己读了什么(包括书名、作者和内容梗概),并用简洁的语言写出自己的感受。

二是"议",引述原文的重点或令自己感动的句子,加以分析理解,并联系自己的学习、工作和生活谈一点感想。

三是"结",总结全文,并写出自己的决心、理想和感想等。

附:郭于茜 2016 年 10 月 2 号发表在佳作网上的《〈筑梦路上〉读后感——牵手共筑中国梦》(指导老师李海娜):

在国庆节期间,我认真学习了《筑梦路上》这本小册子。虽然书不厚,但内容丰富、梦想连连。我对第二章第二节《跨域伸援手》有一些特别的感想。所以,除仔细阅读之外,我还在爸爸的帮助下查了一些资料,又做了一件十分有意义的事。

我从爸爸哪里知道,我们浙江省与新疆的阿克苏结对,派了很多医生、教师和干部去帮助他们。我们的援疆人不仅为阿克苏建造了漂亮的教学楼和医院,还带去了一些设备,更重要的是输出了一些先进的理念和方法。截至 2016 年 9 月,我们选派了近 400 位教师,承担教育任务 40000 余课时,师徒结对近 500 人次,举办讲座 500 余场,受训教师 25000 人次。第八批援疆工作开展以来,我们省共选派了医生 166 名,共投入援疆资金 3.9 亿元,先后为当地培训培养卫生人才 1 万余人次。阿克苏的维吾尔族和汉族老百姓一直在赞美这些援疆老师和医生,说他们像戈壁滩上的红柳花,坚强而美丽、纯洁而高贵。

因为医院的援疆任务,我爸爸在国庆节前第三次进入新疆。一方面去看望在阿克苏阿瓦提县人民医院的援疆医生,另一方面也是尽自己的一份力去援疆。以前也听爸爸说过,新疆地方很大,占全国土地面积的六分之一,风景很美,人民很热情,还有很多特产,比如吐鲁番的葡萄、哈密瓜、库尔勒香梨和达坂城大豆。

但新疆的农村地区相对还不富裕,小朋友的读书条件也不太好。所以,我一直有一个心愿,也是我的一个小小的梦想,想用我的压岁钱去帮助一位维吾尔族小朋友。我希望爸爸帮我圆这个梦,同时也是圆维吾尔族小朋友的一个成长梦。我想,不管东部西部的小朋友,只要成长在红旗下,就让我们同做一个中国梦吧!

就在爸爸到达新疆的第二天,我的手机里就发来了一条爸爸的短信和几张照片:亲爱的女儿,爸爸按照你的心愿,在绍兴市援建的阿瓦提县鲁迅小学,为你结对了一位比你小一岁的维吾尔族小女孩。她叫布威麦尔耶姆·阿不力米提(后改名买迪努尔),2008年05月20日出生,很懂事,也很漂亮,家住阿依巴乡,她的父母给别人看管果园,属于低保户家庭。另外,她家中还有一个弟弟。爸爸终于完成了你的一个小梦想,也为你小小年纪就具有这一份感恩之心和同情同理之心感到骄傲。看到照片中的维吾尔族小妹妹(我比她大10个月),我开心极了。

我和维吾尔族小朋友都有一个中国梦,那就是,中国富强、人民幸福、家庭和谐、身体安康。我们在筑梦路上,要努力学习,掌握本领,锻炼身体,提高素质,做一个有理想的中国新一代。(2019年7月20日我还特意远赴新疆,看望了我的结对小妹妹。)

5. 评注式读书笔记

在摘录的同时,对摘录的要点作概括性的说明,要求把自己对读物主要观点的看法写出来,其中自然也包括读者的感情。

书头批注是评注式读书笔记的常用方法。在书中重要的地方,用笔打上符号,或在空白处加批注,或折页、夹纸条做记号;也可用提纲方法把书和文章的主要论点扼要地记录下来;还可对读这本书的得失加以评论。

6. 其他

(1)提纲式:以记住书的主要内容为目的。通过编写提纲,明确主要和次要的内容。

(2)提要式:和提纲式不同。提纲是逐段写出要点,提要是综合全文写出要点。提要完全可以用自己的语言扼要地写出读物的内容,除客观叙述读物内容外,可带有一些评述的性质。

(3)仿写式:为了能做到学以致用,可模仿所摘录的精彩句子、段落进行仿写,以达到融会贯通的目的。

(4)评论式:主要是对读物中的人物、事件加以评论,以肯定其思想艺术的价值,可分为书名、主要内容和评论意见。

(5)存疑式:主要是记录读书中遇到的疑难问题,边读边记,以后再分别进行询问请教,以达到弄懂弄通弄透的目的。

(6)简缩式:为了记住故事的梗概,在读了一篇较长的文章之后,可抓住主要内容,把它缩写成短文。

(7)对比式:是把双方最鲜明、最典型的观点进行对比的笔记方法。

(8)草图式:通过最简练的语言将其最本质、最重要的观点写出来,做到有纲有目,有骨有肉。这种笔记方法最能体现书中最本质、最隐秘的内容。

(9)**观察式**:通过感官对书籍以外的知识,如大自然、人文乃至地球的某些现象进行观察,从而形成观察笔记。达尔文的《物种起源》即为观察法的典型范例。

(10)**速写式**:用最精练的语言把自己的观察所得快速记录、绘画下来,常用于文艺创作。典型范例有著名的《奋笔疾书的托尔斯泰》。

(11)**补充原文式**:是在读完原书或文章之后,对感到有不满意的地方进行补充。需要注意的是,补充原文不是随意地加以补充,而是要围绕中心思想加以引申或发挥。

(12)**综合式**:读了几本或几篇论述同一问题的文本后,抓住中心话题,评论它们的观点、见解,并提出自己的看法,类似于综述。

(13)**译注式**:读书多了,有了比较,就会产生一些自己的认识和看法。例如,对古典书籍进行深入的科学研究,有了成果以后,就可以对名著进行译注了。

三、读书笔记的表现形式

包括以下几种载体:

(1)**笔记本**:成册的笔记本可用来抄原文、写提纲、记心得、写综述。优点是便于保存,缺点是不便分类,但也可按类目单独成册。

(2)**活页本**:可用来做各种各样的笔记。可节约纸张,便于分类和日后的查阅。

德国著名哲学巨匠黑格尔读书时勤于做笔记、摘抄资料,只不过他不是记在一个本子上,而是记在一些活页纸上。等到摘录多了,就把活页纸摊开来,分门别类地进行整理。如果需要哪一类的资料,随时都能很快地查到。

(3)卡片:好处是便于分类,可按类目排列,便于灵活调动和调用,又可节省纸张。但篇幅小,内容不宜长。

吴晗认为读书有两种方法:一是**寻章摘句式**。读得细致,但往往会"只见树木而不见森林"。另一种是**观其大意、不求甚解式**。正确的方法是"把两种统一起来",使"广"和"深"达到有机的结合。吴晗主张"要多读书,用功读书,但是还得善于读书"。他读书必做笔记,每张卡片上只记一件事或一段话,然后分类保管,随用随取。

(4)**剪报**:把报纸和有用的资料剪下来,长文章可贴在笔记本或活页本上,短小材料可贴在卡片上。剪报材料可加评注,也可分类张贴。但要注明出处,以便日后使用。

(5)**全文复印**:重要的读书材料,为保持其完整性,可全文复印、编目分类留用。

(6)**记忆**:如果能用大脑记下来的话,就能更好地在生活中运用自己在书本里学到的知识,出口成章、挥洒自如。

(7)**书签式**:平时读书时遇到需要背诵的内容,可记在书签上,夹在书里、放在口袋里或插在专放书签的袋子里,一有空就读一读、背一背,直至记牢为止。

(8)**图像式**:阅读完一本书之后,可以将重点内容整理成概念图或思维导图。这相对于传统的文字式读书笔记,更加方便快捷。

四、读书笔记的步骤和方法

1. 做读书笔记的一般步骤

第一步:概括每一段段意(分段的中心思想);

第二步:梳理文章的写作提纲(还原作者的本意);

第三步:写出自己对文章的评价意见(写出好与不好的方面);

第四步:所读文章的价值在哪(对自己有什么启发)?

2. 学生写读书笔记的步骤

第一步:摘抄一些优美的词句;

第二步:写出对一些句子的感想;

第三步:对整篇文章进行总结,像是读后感,但不一定要很长,100~200字即可。

3. 读书笔记的方法

每个人读书的方法都不一样,所以,做读书笔记的方法也不一样。有人认为以下四种方法比较适用于现在的读书人:

(1)一元化笔记法。这是最简单、最容易坚持,也是最灵活的读书笔记法。在一个笔记本里,记录任何与书有关的信息。它就像一个大容器,可以往里面放任何东西。只要分类标注得当,一旦有需要时,很快可找到当初记录的内容,非常方便。

(2)在通读全书的时候,勾画出重点内容,并作旁批。读书时,对于那些关键信息、自己喜欢的或令自己心动的句子,一定要用多色的荧光笔勾画出来。同时,还必须随时将自己的读书感悟和想法,以旁批的形式写在书籍的空白处。

(3)将书中的重点内容、亮点和自己特别感兴趣的部分摘录下来,抒发自己的看法和心得。另外,要将这本书和以前读过的其他书或文章进行比较,最大限度地发挥一本书的效用。用自己的语言,重新整理一下原书作者的思维框架,画出思维导图,这样就能够从全局来把握一本书了。

(4)**整理出一本书的逻辑框架,比记住书里的具体内容更重要。**读书笔记要清晰表现每一章的逻辑构架,让一本书从厚变薄,从具体的山川景色变成抽象的地图脉络。最后,用自己的语言把这个脉络写出来,就好像画地图一样。

还有学者提出了读书笔记的"新三法":一种叫"**提要钩玄**";一种叫"**采花酿蜜**";一种叫"**开山铸铜**"。

(1)**提要钩玄**:唐代著名文学家韩愈在《进学解》里是这样说的:"记事者必提其要,纂言者必钩其玄。"他读历史书,必须把重要的事件摘记下来;读哲理书,必须把主要论点摘出来。韩愈的读书笔记,不是简单地把一本书的要点记下来就算了,还要写出自己对这些要点的看法,写出自己的意见。

(2)**采花酿蜜**:蜜蜂采集花中的甘液酿成蜜,不仅仅是采一朵花的甘液,而是从多朵花中采集甘液。有的读书笔记,是读了好多书,通过比较研究才得出的一种看法。

(3)**开山铸铜**:顾炎武的《日知录》,可以说是一部读书笔记的巨著。他在书中说:"早夜诵读,反复寻究,仅得十余条,然庶几采山之铜也。"对读书而言,开山铸铜,大概是指从许多材料中发掘出新的问题,提出新的见解。

法国文学家鹿岛茂曾在自己的随笔中,阐述了读书笔记的作用:"图书都是有重点的,没有必要从头到尾详读。重要的是不管篇幅多少,都要下点功夫让自己对读过的书有点印象。即使只记下这本书的作者、书名、阅读时的情景或是做些摘抄都好。要坚持写读书笔记,这是最有效的读书方法。"

4. 注意事项

学生的课堂笔记一般要分三种情况来做:一是用自己的语言,把老师所讲内容的重点记下来;二是一些经典的原话、定义、定理、公式、论点、结论、概念、时间、地点等,必须准确抄记;三是对不懂的问题和疑点,也要照原样记下来,课后好去研究、思考、查对和询问。

另外,学生做笔记要防止两种倾向:一是像**"速记员"一样,一切都记**;二是像看电影一样,一切都不记。笔记的内容一般包括四个方面:一是老师讲的重点、要点、难点与疑点;二是基本理论和公式的解释、说明、推导与结论;三是基本观点、论据、论证及一些有价值的数据、事实和实例;四是老师对某些新问题的新见解及老师对问题的分析思路、方法和技巧等。

五、写作

目前许多人的写作水平低下,究其原因,我认为是书读得太少,积累的语言材料不多之故。"看十写一",很多人写作时无话可说、无事可讲,主要是因为没有锻炼出一种发现写作素材的

"眼力"。

"写"的本意是倾诉、倾吐。清代经学家段玉裁在《说文解字注》一书中称:"凡倾吐曰写。"由此可见,说与写本是一回事。发声为言,下笔成文,都是用来表情达意,其作用是一致的。

韩愈认为,言文一致,说写一统,这两者得以实现的前提和基础则是"读"。读书越多,则积累也就越深厚。

李斯在《谏逐客书》中所言"泰山不让土壤,故能成其大;河海不择细流,故能就其深",说的正是这个道理。

北宋理学的奠基人程颐曾对读书与写作的关系进行深入细致的分析。他曾经说过:"读书如销铜,聚铜入炉,大鞴扇之,不销不止,极用费力。作文如铸器,铜既销矣,随模铸器,一冶即成,只要识模,全不费力。所谓劳于读书,逸于作文者,此也。"他认为,读书犹如"销铜",是一个极其艰苦、费力的过程,而作文"如铸器",只要有充足的材料,掌握了写作技巧,"随模铸器",定能"一冶即成",毫不费力。

"读"是一个由外至内的吸收、消化过程,即由"眼中之竹"至"胸中之竹";"写"是一个从内到外的输出、表达过程,即由"胸中之竹"到"手中之竹"。

古人有"述而不作,信而好古"的传统。这些先贤只叙述和阐明前人的学说,自己不随意创作,相信并爱好古代的事物。

　　另外,中国传统文化各家各派虽然谈论的具体问题不同,但都遵循一个共同的理论基础,秉承同一个价值观念。那个时候,既不分科,又交叉混杂,天地人合一,身心灵契合,是一个"理念相通"的时代。

　　一个述而不作,一个理念相通,这两个特点就使得中国文化在其发展过程中逐渐汇聚成了几部具有统领性的著作,最终成为国学的源头。

　　中国文化中的根源性典籍,即"三玄、四书、五经"十二本经典。三玄是指《老子》《庄子》《周易》。四书是指《大学》《中庸》《论语》《孟子》。五经指的是《周易》《礼记》《尚书》《诗经》《春秋》。但五经里的《周易》跟三玄里的《周易》是相重合的,而四书里的《大学》和《中庸》其实是《礼记》中的两篇文章。这样,其实只有九本书,就构成了中国文化的根源性典籍。

　　对于四书,朱熹有很好的阐述:"先读《大学》,以定其规模;次读《论语》,以定其根本;次读《孟子》,以观其发越;次读《中庸》,以求古人之微妙处。"

　　可以这样说,我们如果不了解这九本书,那么就很难了解中国文化的方方面面;反过来,即使是了解了国学的方方面面,但如果不能将它们统筹到这九本书里去,那么也把握不准中国传统文化的根本理论基础和核心价值观念。

　　遗憾的是,在欧美人读《圣经》、阿拉伯人读《古兰经》、印度人拼命地捍卫印度教的今天,中国人却不读四书五经了,也不拜祭孔子了。

　　我想,当今没有多少中国人系统地看过这九本书,甚至连一本都没有看过。"三玄四书五经"只是一个名词、符号而已,而且可以想象，在不远的将来，这些名词会变成一个神奇的传说。

文化一旦把一个民族的心给洗掉了，那这个民族的文脉就绝了、精神就断了，就没有希望了。

我们虽然有五千年的文明史和文化史，但是缺少一种自信。**所以，我们要大力倡导文化自信，让国人的脊梁挺起来。**

我一直坚信，一个民族的文化自信，来源于民族的文化经典；一个人的文化自信，则来源于深厚的经典修养。

所以，对现在的学生来说，还是要激发他们对课内和课外阅读的兴趣，以课文阅读带动写作，把在课文中通过阅读训练所获得的知识和技能运用到写作上，把阅读技能转化为写作技能。另外，要从写作的角度来阅读课文，让学生从原文的阅读中跳跃出来，展开想象的翅膀，在写作的时空里遨游。

中国现代著名作家、文学评论家茅盾曾说："模仿是创造的第一步，模仿又是学习的最低形式。"模仿经典作文，学习写作方法，模拟成文，这也是写作培训的方法之一。通过模仿达到不模仿，最终形成自己的风格。

阅读促进写作，反过来写作也会激发阅读的欲望。北大中文系教授、著名作家、国际安徒生奖得主曹文轩强调，**"阅读和写作的关系就是弓和箭的关系"**。他认为，离开阅读谈写作，是一个毫无意义的话题。

阅读是写作的一个前提，写作是阅读的一个结果。如果要把箭射出去，而且要射到很远很远的地方去，这把弓就得很强劲。箭能不能射出去、能射多远，弓的强劲、积蓄的力量是非常重要的。

阅读就像一把弓，写作是一支箭，要有弓才能射出箭。然而想要射得远,就需要拉满弓,也就是蓄力。**阅读就是为写作蓄力**。所以说,只有广泛阅读古今中外的文学经典,在大量的阅读积累后,才会有高品质的写作,才能写出好文章。

唐代大文豪韩愈说:"师者,所以传道授业解惑也。"传道、授业和解惑,哪一样不需要我们有深厚的读书积累呢?

我想"阅读"两个字,是可以这样理解的。"阅"就是看,就是**输入**,"读"就是读取,就是处理。阅读就是输入和处理,而写作是对输入作处理后的输出。阅读不仅仅是读书,还可以是"读物""读人""读心",包含一切的输入和处理。

如果说阅读是内化,那么写作便是外化。在语文学习中,阅读和写作是两大关键。语文课的使命,一是母语训练;二是培养人文素质。

尼采曾经说过:"良好的母语训练是一切后续教育的土壤。"母语犹如文化母乳。我们在母语的滋养下成长,并在这片肥沃的土壤里开出一朵朵灿烂的鲜花。

作文,一定是正确的写作。第一,要做到诚实,真听、真看、真感受,做人要真,作文要诚,不要编造假的、虚幻的内容(除非是玄幻小说);第二,文章表达一定要准确,好的想法就一定要有好的表达;第三,要注意简洁明了,不要啰啰唆唆。

美国未来学家约翰·奈斯比特在《大趋势》一书中曾断言:"在这个文字愈来愈密集的社会,我们比以往任何时候都更需要读写技巧。"这里的"写"主要是指应用写作,而非文学创作。

写作活动是一种复杂的、创造性的脑力劳动过程,是一个收集、加工和输出信息的整体系统,具有目的性、创新性、综合性和实践性这四个特征。作为一个完整的系统过程,写作活动是有阶段性的,可分为采集、立意、谋篇、用语和修改五个环节。

"人的心灵是有翅膀的,会在梦中飞翔。"我多么希望,让梦想变成文字,在书页里面朝大海、春暖花开。

六、创作

创作一般是指原始创造,是指直接产生文学、艺术和科学作品的智力活动,其行动的结果是直接产生文学、艺术或科学作品。

作者在创作的时候,会和自己对话,力求作品新颖完美;读者在阅读的时候,也会和自己对话,思考作者想表达的意义,听听他们的内心独白。更重要的是,读者与作者之间会用一种不可言说的方式进行对话。

所有这些,都是一个人内省的过程,突出的是个体,所以很容易产生个人主义情结。但是,在信息化时代,我们的收藏分享就全然不同,内省的成分少了些,"集体"的成分多了些,更多的是一种作秀的成分。

俄国著名作家契诃夫认为:人要有三个头脑,天生的一个头脑,从书中得来的一个头脑,从生活中得来的一个头脑。

创作方法包括创作目的、创作对象和创作原则三个基本要素,而创作的过程也分为三个阶段:

(1)积累阶段:就是为创作准备原始的材料或素材。作者把现实生活中的所见所闻、所感所思,源源不断地积存到头脑之中,包括表象积累、情感积累、思想积累、直接积累、间接积累、有意识积累和无意识积累。

（2）**构思阶段**：是指在某种心理的驱动下，作家在头脑中构思出具体的、活生生的、完整的艺术形象体系。构思是痛苦的。因为，构思活动总是处于一种凝思冥想之中，需要保持"虚静"的心态和高度的专注。

构思有时候要经历很长的时间，特别是构思一个鸿篇巨制。据说，歌德构思《浮士德》前后经过了 60 年之久，罗曼·罗兰对《约翰·克利斯朵夫》的构思也用了 20 年。

（3）**创作阶段**：是指作家运用语言媒介把内心的形象尽量准确、鲜明、生动地描绘出来，以便让读者也能像作家那样看到和感受到这些艺术形象。创作完成后，要对初稿进行必要的修改。

要把作品创作好，必须要做好以下一些准备工作：

一是**要多阅读书籍**。无论是小说、诗歌，还是散文，都能使我们在阅读以后，才思泉涌，妙笔生花。此外，阅读的好处还在于我们能够借鉴一些优秀作品的写作方法和技巧，并应用在自己的写作实践之中。

二是**要多观察**。我们要做有心人，仔细观察人物和事物，如山川、自然风景、人文景观和各类职业人，等等，尤其是在描述某个事物的时候，更加需要这种生活实践和生命体验。

三是**要接触各类话题**。我们可以试着去收集一些自己喜欢的和热门的话题，并试着去思考和讨论，也可以在网络平台上汇总我们想要的内容。

四是**要丰富自己的知识和人生阅历**。我们要更加广泛地翻看和阅读各种书籍和文章，从中汲取一些丰富的写作素材和知识。

五是**要学会修改**。当我们写完文章之后，还需要反复修改，有时候甚至需要修改五六遍。有学者建议,在修改时,要把作品当成不是自己的,而从别人的角度去吹毛求疵,冷静地修改,大胆地斧正。

曹雪芹创作《红楼梦》就是一个例子。这本巨著前前后后写了十年,反反复复修订了五次,就像他自己所说的"字字看来皆是血,十年辛苦不寻常"。

欧阳修任滁州太守时,写了一篇《醉翁亭记》。文章写好后,当地百姓争相传抄。一天,他听说有位樵夫在议论这篇文章,说开头写得不好。于是,他就把这位樵夫找来请教。

欧阳修一见到樵夫,就信口吟诵起来:"滁州四面皆山也,东有乌龙山、西有大丰山、南有花山、北有白米山,其西南诸峰,林壑尤美……"樵夫此时好像有话要说,欧阳修见了,恍然大悟:"您的意思是这些山名不必一一点出?"

樵夫说:"大人,你上山后站在南天门,乌龙山、大丰山、花山和白米山,全映入眼中,四周皆山也。"欧阳修听了,当即在底稿上写道:"环滁皆山也……"

清代文学家刘熙载在《艺概·书概》中这样写道:"书,如也,如其学,如其才,如其志,总之曰'如其人而已'。"虽然这里说的是书法艺术,但"天下万物,大道至简,殊途同归"。我想,文学创作也是一样,应倡导"文如其人、文理相通"的思想。

唐代书法家颜真卿,家世显赫,诗礼传家,作为儒家经典著作的《颜氏家训》就是出自其祖上颜之推。颜真卿中年时遇上了"安史之乱",在河北二十四郡俱已沦陷、大唐江山岌岌可危之际,作为平原太守,他率先起兵,高举讨逆大旗,一家三十余口,先后殉国。

安史之乱平定后,颜真卿满怀悲伤地设酒祭奠那些死难的亲人,写下了震烁古今的《祭侄文稿》。原本一篇普普通通的祭文,居然写得那样奇崛雄健、浩气充盈,达到了超神入圣的境界,被后人誉为"天下第二行书"。

列夫·托尔斯泰说过:"不要急于写作,不要讨厌修改,而要把同一篇东西改写十遍、二十遍。"老舍也说过:"我写作中有一个窍门,一个东西写完了,一定要再念再念再念,念给别人听,看念得顺不顺? 准确不? 别扭不? 逻辑性强不?"

创作,就是凝一段文字,写一段心情,烙一段回忆。我想,创作的过程,其实是一个呕心沥血的历程。正如古巴诗人何塞·马蒂所说:"我不是用学院的墨水写作,而是用我的血写作。"

参考读物

1.《阅读的历史》(史蒂文·罗杰·费希尔著)

2.《如何阅读一本书》(莫提默·J.艾德勒、查尔斯·范多伦著)

3.《做个快乐读书人》(刘墉著)

4.《阅读力》(聂震宁著)

5.《书都不会读,你还想成功》(二志成、郑会一著)

6.《实用性阅读指南》(大岩俊之著)

7.《如何高效阅读》(彼得·孔普著)

8.《高效阅读》(渡边康弘著)

9.《高效能阅读》(原尻淳一著)

10.《如何有效阅读一本书——超实用笔记读书法》(奥野宣之著)

11.《快速阅读术》(印南敦史著)

12.《如何阅读一本小说》(托马斯·福斯特著)

13.《如何阅读一本文学书》(托马斯·福斯特著)

14.《这样读书就够了》(赵周著)

15.《名人读书》(罗光彩、周德求著)

16.《一个人的阅读史》(解玺璋著)

17.《阅读的力量》(斯蒂芬·克拉生著)

18.《会阅读的孩子更成功》(南美英著)

19.《帮助孩子爱上阅读》(阿甲著)

20.《如何用阅读改造大脑:脑科学家教我的读书法》(茂木健一郎著)

21.《阅读的未来》(罗伯特·达恩顿著)

22.《怎样读书》(胡适著)

23.《超级阅读术》(斋藤孝著)

24.《一生的学习》(克里希那穆提著)

25.《阅读改变人生》(巴丹著)

26.《一个人的阅读史》(张颐武著)

27.《大量阅读的重要性》(李家同著)

28.《帮助你的孩子爱上阅读》(爱丽森·戴维著)

29.《阅读力进阶》(珍妮·查尔著)

30.《阅读力:创作思考的写作策略》(阿德丽安·吉尔著)

31.《泰山书院约言》(李品镐著)

32.《燕山夜话》(邓拓著)

33.《读书之要》(朱熹著)

34.《为什么读经典》(伊塔洛·卡尔维诺著)

35.《我怎样读书》(王云五著)

36.《奇迹的超级速读法》(加古德次著)

37.《为什么读书》(夏尔·丹齐格著)

38.《低智商社会》(大前研一著)

39.《中国的逻辑》(加藤嘉一著)

40.《快速学习》(施道弗著)

41.《快速学习新概念——MASTER it FASTER》(柯林·罗斯著)

42.《沟通圣经》(尼基·斯坦顿著)

43.《王者速读法》(齐藤英治著)

44.《古今名人读书法》(张明仁著)

45.《谈读书》(朱光潜著)

后记　未来的阅读

——改变的是形式，不变的是阅读。未来的阅读属
　　于未来，但已经可以预测。

　　★纸浆与字节，谁将拥有未来？传统图书与电子书，谁将主导阅读？未来，我们将如何阅读？未来，书籍会以怎样的姿态呈现于我们的眼前？雨果告诉我们："这样一种晕眩，这样一种错误，这样一种毁灭，这样一种让整个历史为之震惊的失败，难道是某种无因之果吗？不……对即将到来的新时代而言，伟人的消失是必然的。某个无人可以反对的人，掌管着这一事件……上帝从这里经过，上帝经过了。"

　　★我们能追溯多久的历史，就能洞悉多远的未来。然而，在当下，正如撰写《书业百科全书》的法国学者帕斯卡·福切所言："图书出版业者什么都懂，就是不懂他们自己的历史，所以他们很难从总体上看清自己的命运、力量和弱点。"

　　★人类是世界上唯一能够运用语言和文字来表达思维的生命体，是唯一通过不断地阅读来继承和弘扬人类自己创造的智慧成果的生灵。"阅读，以求生存。"人类要想不退化，就必须不

断地学习,不断地阅读,不断地成长。

　　★人类已经走向了读屏时代。未来的新式阅读应该是立体的、多媒体的、无时不在的。未来的电子书还有可能有其他的形式,例如,戴上类似VR的眼镜可以直接阅读,也可以投射在天花板上、躺在床上阅读等。当然,也有可能,人类未来的阅读会变得浅薄。"阅读,以铭刻在心"这句话将成为过去。

　　★随着平均文化水平的提高,民众的阅读需求会越来越多。但是阅读的形式会有很大的改观,在互联网阅读处于主流的同时,还将和很多别的信息传播方式相混合,例如,与视频相结合、与游戏相结合等。一些原创性文章的分享社区或小说、散文、诗歌等平台将会在各自的领域里遍地开花。

　　★社会化的阅读将越来越受到重视。大家互通有无,共同探讨,更加依赖通过微博和微信等途径获取信息。将来的阅读会出现两个极端,一个是碎片化,一个是反碎片化。碎片化的动力主要是越来越快的生活节奏,最后导致大家的阅读体验和欲望降低。于是,阅读就变成了惊鸿一瞥。但是,一旦有好的阅读资源,优质的读者一定会踊跃订阅,这是反碎片化阅读的一份坚持。

　　★未来家里的日常摆设将兼有阅读器、显示屏功能。起床唤醒和洗刷、吃饭、休息之时,我们可以查看或视听新闻、工作邮件和短信,可以开虚拟会议,真正实现无纸化办公。天花板就是一个超大的全景显示器,遥控操作、虹膜操作和语音操作,甚至是意念操作,所有这些都有可能实现。

　　★移动阅读将挑战传统阅读,成为未来一种主要的生活方式。因为这种阅读方式有以下特点:方便收藏分享、随时随地可读、海量信息聚集、声像图文并茂等。

★在未来的某一天，三维成像技术将进入图书出版、图书传播领域。可能会产生一种充分吸收了网络媒体和纸质媒体的优势，或可称之为"三维图书"的媒体。这些技术必将进入我们的日常生活。

★书不仅是生活，而且是现在、过去和未来文化生活的源泉。当下，网络文学正伴随一代人的成长，宗教文学也将伴随未来的人类进步。

★纸质书有其独特的、无法替代的优势，未来将与高科技的、语言互通的电子书相互补充，共同发展，共同构成未来阅读形态的两大体系。动画短片《神圣机器》的设计者和创作者乔西·马利斯也认为，纸质书仍然拥有数字化图书等高科技无法比拟的优势：因为它"永远不会没电，不慎掉落到地上也没关系，不用调节屏幕亮度，总是具有高分辨率，借给别人也完全没有问题"。但是，纸质书必将更加稀有，会以珍贵的古籍或用于收藏的典藏版而存在。电子化的视觉阅读也必将提升到很高的程度，而且，人脑的阅读功能将开发到极致。

★未来，人人是读者。人人是作者。读者将主导作者的多维度创作，但是，有一点要引起高度重视，那就是具有阅读障碍的人的数量也将大幅度增加。

★虚拟技术和其他先进技术的应用，能让未来读者的体验更加多样化。与作者、其他读者，甚至与书中角色之间的互动互换得到强化，乃至可以同时"活"在一本书里，使读者获得更大的"阅读"快感和更加丰富的高价值信息。将来的作家必须跟美工、游戏设计师、软件工程师、心理分析师等不同领域的专家充分合作,必须付出比现在更多的努力,才有可能"写"出一本符合读者期待的未来之书。

★未来的阅读分类和整理将变成自动化的定制,阅读与思考是那么接近,人机的有效对话会使教师这一职业变得更加轻松。

★未来的书店和图书馆一定是多功能、智能化的,机器人的导读、导购和精准归类整理将替代人工。而且,电子化家庭图书馆会成为一种时尚。

★未来的图书出版应该是立体的,应该向 3.0 时代挺进。未来的纸质图书会融入更多的科技,成为真正意义上的"融媒体"。到那时,我们既可以在扫码后直接听书,也可以在扫码后看配上文字的影像,还可以戴上特制的眼镜进入虚拟现实的场景。

★未来的学校可能会成为一个学习共同体。由一个个开放的、互联的网络学习中心和一个个实体的学习中心,共同构成一个学习社区。学生可以在不同的学习中心选课,也可以相互选课、互认学分,教师也可以跨越不同的学习中心进行指导。另外,机器人陪读也将成为一种可能。

★在应试教育的背景下,有优质师资和教育特色的各种培训机构将在规范的基础上,发挥出越来越专业化的优势,来提升学生的学习成绩和考试分数。这种教育机构会如雨后春笋般涌现,而且一开始就以正规化、规模化、专业化和高端化的形象开始招生。可以预见,将来在学校里学习的权重会减少,家庭化、机构化的培训权重会增加。随之而来的是,一个家庭教育资源的分配比例也将重新调整,而且,这种现象必将从中国蔓延到世界各国。

★人类是健忘的高级动物,未来的阅读就是要解决记忆的问题,以达到"有效阅读、加深记忆、控制情绪、解决问题"的目的。

图书在版编目（CIP）数据

读一本好书·读好一本书 / 郭航远，郭于茜著.
—杭州：浙江大学出版社，2020.4
ISBN 978-7-308-20109-4

Ⅰ. ①读… Ⅱ. ①郭… ②郭… Ⅲ. ①读书方法
Ⅳ. ①G792

中国版本图书馆 CIP 数据核字（2020）第 048962 号

读一本好书·读好一本书

郭航远　郭于茜　著

责任编辑	余健波
责任校对	陈　欣　杨利军
封面设计	周　灵
出版发行	浙江大学出版社
	（杭州市天目山路 148 号　邮政编码 310007）
	（网址：http://www.zjupress.com）
排　版	杭州好友排版工作室
印　刷	绍兴市越生彩印有限公司
开　本	880mm×1230mm　1/32
印　张	10
字　数	225 千
版 印 次	2020 年 4 月第 1 版　2020 年 4 月第 1 次印刷
书　号	ISBN 978-7-308-20109-4
定　价	35.00 元